SOCIÉTÉ FRANÇAISE

DE

SECOURS AUX BLESSÉS

DES ARMÉES

DE TERRE ET DE MER

IMPRIMERIE J. CLAYE
RUE SAINT BENOIT 7
LABOR
PARIS

SOCIÉTÉ FRANÇAISE

DE

SECOURS AUX BLESSÉS

DES ARMÉES

DE TERRE ET DE MER

DÉLÉGATION DE L'EST

RAPPORT

DE

M. THÉODORE VERNES D'ARLANDES
Membre du Conseil central
DÉLÉGUÉ RÉGIONAL

PARIS
BUREAU DE LA DÉLÉGATION
24, RUE DE COURCELLES

1872

SOCIÉTÉ FRANÇAISE

DE

SECOURS AUX BLESSÉS

DES ARMÉES DE TERRE ET DE MER.

I

EXPOSÉ GÉNÉRAL

Dans toutes ses publications, notre Société s'était appliquée à populariser cet axiome : que c'est pendant la paix qu'il faut se préparer aux exigences de la guerre. Malheureusement, et nous n'avons eu que trop d'occasions de l'observer, cette vérité n'était encore qu'à l'état de théorie au moment où éclata la terrible conflagration qui devait être pour la France la source de tant de calamités, mais qui provoqua en même temps un si admirable développement de charité, de sacrifice et de dévouement.

Non-seulement le pays n'était pas préparé à la guerre, mais, même après le désastre de Sedan, alors que l'on pouvait déjà prévoir que les armées ennemies pénétreraient jusques au cœur de la France, l'opinion publique, dans plusieurs départements, se refusait encore à admettre la possibilité de nouvelles défaites, et cette incrédulité, mêlée de stupeur, paralysait les efforts des délégués de la Société,

Il n'est assurément aucun d'eux qui, au début de ses travaux, n'ait eu à lutter contre cette inertie; il n'en est aucun qui n'ait eu le regret de constater, presque partout en province, une ignorance à peu près complète au sujet de la convention de Genève et, à plus forte raison, au sujet de notre Société, de l'esprit qui la dirige et du but qu'elle poursuit. A cette ignorance se joignaient parfois de graves préventions, répandues contre la Société par quelques esprits malveillants, ou bien encore un sentiment de patriotisme local mal entendu, qui faisait refuser toute participation à notre œuvre, parce qu'elle ne s'appliquait pas exclusivement à tel département, ou même à telle ville.

Ce n'est pas que la fondation d'une œuvre si excellente et si noble par son principe n'eût provoqué en France de sympathiques adhésions; mais il n'en est pas moins vrai que tandis que nous végétions, pour ainsi dire, on voyait, en d'autres contrées, des Comités organisés exciter un intérêt moins platonique et réunir en peu de temps des ressources considérables.

Je ne veux point dire qu'en France la charité ne puisse se traduire par des mouvements aussi puissants et aussi généreux que chez tout autre peuple, mais seulement qu'elle y affecte un caractère différent, par suite de cette tendance nationale à se préoccuper moins de l'avenir que des choses immédiates et tangibles. Ainsi que l'a si bien dit l'un de nos collègues, M. Cochin, « nous ne pouvions parvenir à vaincre les défiances un peu dédaigneuses de l'armée et l'insouciance trop connue des Français qui commencent à croire à la guerre quand la mitraille éclate. » Mais aussi, il faut le reconnaître, dès que le devoir s'est imposé dans toute son impérieuse grandeur, l'activité dans la charité et dans le patriotisme s'est affirmée avec un irrésistible élan.

Dans les départements composant ma circonscription, après une courte période d'hésitation et d'inertie, ce généreux mouvement se manifesta bientôt jusque dans les plus petites localités.

L'investissement de Paris, loin d'avoir pour conséquence un ralentissement dans la marche de la guerre, était devenu, au contraire, le point de départ d'un envahissement rapide, embrassant un espace de plus en plus étendu, surtout dans la région de l'Est. Je me trouvai donc en face de nécessités urgentes et d'innombrables besoins auxquels il y avait à pourvoir sans délai.

Dans les huit départements que comprenait ma circonscription : Rhône, Loire, Ain, Saône-et-Loire, Côte-d'Or, Haute-Saône, Doubs et Jura, je ne rencontrai que des préparatifs bien incomplets, sauf à Lyon, à Mâcon et à Besançon, où des Comités départementaux étaient établis et fonctionnaient déjà.

Mon premier soin fut de provoquer, dans les départements où ils n'existaient pas encore, la formation de Comités sectionnaires, puis, avec le concours de ceux-ci, l'établissement de Comités auxiliaires aussi nombreux que possible, afin que toutes les parties du territoire fussent sollicitées directement de s'associer à notre œuvre, et qu'aucune ne fût privée de la faculté de réclamer des secours. Grâce à cette organisation, chaque département fut doté d'un Comité sectionnaire et de plusieurs Comités auxiliaires en pleine activité. Chacun d'eux s'attachait à réunir des fonds, à préparer des ambulances sédentaires dans les villes et dans les campagnes. On compta donc bientôt et on compte encore aujourd'hui, dans ma circonscription, 25 Comités sectionnaires ou auxiliaires qui ont préparé, pendant la guerre, environ 175 ambulances, contenant 7,550 lits. Il y est entré, jusqu'au 31 mars, environ 45,000 malades représentant un total de plus de 500,000 journées de traitement.

Ces Comités parvinrent pour la plupart à réunir des ressources importantes. Celui de Lyon eut en peu de semaines à sa disposition 500,000 fr., et plus tard 700,000 fr. Le Comité de Besançon avait recueilli 56,000 fr., celui de Mâcon 32,000 fr., celui de Bourg plus de 50,000 fr., etc. A ces sommes envoyées directement aux Comités venait s'ajouter, dans chaque département, le produit des souscriptions déposé chez les trésoriers généraux et présentant une moyenne de quinze à vingt mille francs par trésorerie.

Telles étaient les ressources offertes à notre œuvre par ma circonscription, ressources localisées, ainsi que je l'ai déjà dit, dans chaque département. Les fonds déposés chez les trésoriers devaient seuls concourir à l'œuvre générale et être remis directement à notre Société. C'est ce qui explique pourquoi il n'avait pas encore été sérieusement question, dans cette région, sauf dans le Rhône, de la création d'ambulances volantes.

Convaincu de la nécessité de multiplier les ambulances de cette nature, par suite de l'extension que prenait de jour en jour le théâtre de la lutte, j'ai cru devoir consacrer la plus grande partie de la somme de 100,000 fr. qui m'avait été confiée par le conseil central à en provoquer la formation. Elles étaient destinées à suivre les corps d'armée et à se tenir à proximité des champs de bataille.

Les deux sortes d'ambulances, sédentaires et mobiles, traduisaient, sous des formes et avec des missions diverses, le noble mouvement de charité qui se manifesta parallèlement avec ce mouvement d'ardent patriotisme auquel la France a dû de sortir, l'honneur sauf, des plus douloureuses épreuves.

A Paris, le Comité central, pressé par les événements, ayant tout à improviser, avait éprouvé les plus grandes difficultés à former ses ambulances volantes. Pour les ambulances départementales, on est parvenu à réunir un personnel comprenant ordinairement 30 à 35, parfois 60 membres, chirurgiens, aides-chirurgiens et infirmiers, dont la plupart se connaissaient, s'estimaient et se sentaient animés de l'esprit de corps, gages certains de discipline et de dévouement. D'un autre côté, l'intérêt très-vif qu'excitaient dans les populations ces ambulances destinées à suivre, aussi loin que possible, les gardes mobiles ou mobilisées des départements où l'ambulance se formait, contribua puissamment au succès des appels adressés au public par chaque Comité pour obtenir des dons en argent et en nature.

II

DÉPARTEMENT DU RHONE

A Lyon, une ambulance considérable avait été formée sous la direction du docteur Ollier. J'offris au Comité de cette ville, au nom de la Société, la somme de 25,000 francs pour contribuer à l'organisation et au fonctionnement d'une ambulance semblable. Au bout de peu de jours, par les soins infatigables du Comité, un groupe de soixante-cinq chirurgiens et infirmiers fut réuni sous la direction du docteur Gayet. Tout avait été prévu pour que ce personnel pût se diviser en deux escouades dont chacune, munie de tout le matériel nécessaire, était à même d'agir isolément si les circonstances l'exigeaient.

Cette ambulance s'est distinguée par son courage et son activité, sur plusieurs points du théâtre de la guerre, notamment à Orléans, où elle a séjourné avant et pendant l'occupation prussienne. Une troisième est partie de Lyon sous la direction du docteur Christôt; elle s'est signalée à Nuits, à Dijon et ailleurs encore.

Si je n'entre pas dans plus de détails sur les ambulances lyonnaises, c'est qu'un rapport complet et circonstancié est préparé par M. L. de Cazenove, secrétaire général du Comité de Lyon. Je n'ajouterai ici que quelques mots au sujet de ce Comité, le plus important de ma circonscription, et dont l'accueil rempli de courtoisie n'a pas peu contribué à m'encourager dans l'accomplissement de mon œuvre.

M. le comte d'Espagny, son président, se mit à ma disposition avec le plus cordial empressement. Je dois le même témoignage à plusieurs autres membres, dont l'obligeance m'a été précieuse.

Dans une séance spéciale, je communiquai au Comité une circulaire destinée à faire connaître aux départements composant ma région la mesure adoptée par le Conseil de la Société à la date du 7 septembre 1870, et qui a trait à la division du territoire en circonscriptions. L'objet principal de cette circulaire était de réunir à Lyon, comme point central de ma délégation, les ressources disponibles, en faisant appel au sentiment de solidarité du pays tout entier dans cette grande œuvre de charité.

Déjà, à cette époque, le Comité de Lyon avait recueilli une somme considérable, dont une grande partie, il est vrai, était destinée au soulagement des victimes de la guerre; il disposait d'un matériel sanitaire assez étendu pour être en mesure de répondre généreusement, non-seulement aux besoins du département, mais encore, comme il venait de le prouver, aux appels de Paris et des contrées envahies. Ce sont là des faits qui prouvent que chez certaines populations, les principes de la charité ont passé dans les mœurs et dans les habitudes.

Un Comité auxiliaire de dames avait été très-judicieusement organisé et divisé en section de travail, section de quêteuses, section de lectrices pour les malades, de visiteuses, tant à domicile que dans les ambulances. Ces ambulances contenaient environ 1,800 lits, en y comprenant ceux qui avaient été offerts par le Comité suisse. Celle de la gare mérite une mention toute spéciale; le service, toujours pénible et difficile, y était fait avec un zèle et un dévouement au-dessus de tout éloge.

III

DÉPARTEMENT DE LA LOIRE

Ce département, épargné comme le précédent par l'invasion, est pourtant un de ceux qui se sont distingués par l'abondance des secours, en même temps que par la féconde initiative de ses nombreux Comités, dont plusieurs n'avaient pas encore été réunis à notre Société et que je me suis empressé d'y affilier.

Le Comité de Saint-Étienne, après quelques tâtonnements dans son organisation, se partagea en deux sections : l'une, sous la présidence de M. Barbe, se chargea de constituer l'ambulance volante, dont j'avais demandé la formation en offrant dans ce but, au nom de la Société, une subvention de 5,000 fr.; l'autre, présidée par M. Castel, se voua plus spécialement à l'établissement et au service des ambulances sédentaires.

Dès le mois de novembre, l'ambulance mobile avait réuni un personnel ne laissant rien à désirer et vraiment animé du plus sympathique enthousiasme pour la noble cause qu'il allait servir. Le docteur Riembault, médecin distingué, homme actif et résolu, en prit la direction. Elle était composée de quatre docteurs, deux pharmaciens, neuf aides-majors, deux administrateurs, treize infirmiers, un aumônier et un interprète ; en tout, trente-deux personnes.

Le principe qui a présidé à la composition de cette ambulance est celui que j'ai constamment cherché à faire prévaloir dans ma délégation. Ce principe, c'est le nombre restreint des infirmiers comparé à celui des médecins.

Le 29 novembre, l'ambulance du département de la Loire se mettait en route pour Bellegarde, et dès le soir même, à Châteauneuf, son arrivée coïncidait avec celle des blessés de Beaune-la-Rolande ; ce fut le début de son œuvre secourable. Dès le lendemain, elle était attachée officiellement au 18e corps. Elle s'établit dans l'église de Bellegarde et y reçut les blessés des combats de Montbarrois et de Mézières. Mais bientôt, elle fut obligée de participer à cette retraite si pénible qui ne devait finir qu'à Bourges. Le 8 décembre, elle se dirigeait sur Vailly : « Horrible journée ! écrivait le docteur Riembault. Repoussés, bousculés, injuriés, et enfin dispersés, nous pûmes cependant nous rejoindre tous dans la nuit et arriver tant bien que mal à Sancerre. »

A Bourges, son installation fut rapidement faite et le service y marcha très-régulièrement. En peu de jours, elle recueillit 160 malades.

De la dissémination résultait un surcroît de travail et de fatigue pour les aides ; les gardes de nuit étaient plus nombreuses et revenaient plus vite pour chacun. Néanmoins tout marchait bien, et l'ambulance put encore, sur la demande de l'intendant général Friant, examiner, classer et soigner 4,000 malades entassés dans les immenses salles du Petit-Séminaire. En outre, elle donnait des soins à des officiers logés en ville, parmi lesquels se trouvait le brave et malheureux colonel Achilli.

Le 24 décembre, elle partit pour Nevers. Pendant la route, elle ne put rendre aucun service, et elle eut de nombreuses souffrances à endurer. Le froid, la fatigue, l'encombrement, la difficulté de nourrir et de loger hommes et chevaux, tout cela était peu de chose en comparaison des vexations et de la mauvaise volonté qu'elle rencontrait à chaque instant, dispositions qu'expliquaient, d'ailleurs, les malheurs sans nombre qui frappaient ces contrées et le découragement qui régnait partout. Les difficultés de transport aggravaient encore la situation. Ces difficultés, en effet, sont plus grandes pour les ambulances que pour l'armée. Voyagent-elles par les routes de terre? elles encombrent; voyagent-elles par les chemins de fer? tout le matériel de guerre doit passer avant le leur. Au Creusot, l'ambulance put faire une halte utile, et à ce sujet, le docteur Riembault écrivait encore : « On dit que les habitants du Creusot ont mauvaise tête, c'est possible, mais en tout cas ils ont bon cœur. Je n'ai jamais vu nulle part un pareil empressement à faire le bien : chacun apporte ce qu'il peut, des gilets de laine, des chaussettes, des sabots, du vin, du bouillon, du sucre; c'est une procession qui ne finit pas. Nous emmagasinons tout cela pour en faire une bonne répartition. »

Le 15 janvier, l'ambulance arriva à Besançon. Dirigée sur Clerval, elle s'installa à la place des médecins de la division de cavalerie du 15e corps. Là, elle eut à soigner près de 400 malades ou blessés qu'il fallait loger, chauffer, nourrir, panser, et même habiller.

Il en arrivait chaque jour 100 ou 150 nouveaux, pour lesquels on s'efforçait de trouver de la place, soit en évacuant les moins grièvement atteints, parmi ceux qui étaient dans les salles, soit en appropriant de nouveaux locaux. On donna à l'ambulance, pour l'aider dans cette lourde tâche, 47 soldats faisant fonctions d'infirmiers, mais 35 d'entre eux disparurent à l'approche des Prussiens. Assurément, bien des choses manquaient ou laissaient à désirer; cependant il est à croire que notre installation était encore meilleure que celle de l'ennemi, car lorsque les docteurs prussiens vinrent chercher leurs compatriotes blessés, ceux-ci demandaient instamment à rester avec nous. Les blessés et les malades y étaient, en effet, traités sans aucune distinction de nationalité. Le 2 février, il ne restait plus que 24 blessés, et l'ambulance considéra sa mission comme achevée.

A son départ de Saint-Étienne, son matériel était considérable; elle avait été généreusement pourvue de tout ce qui pouvait lui être utile. Au retour, toutes ces ressources étaient complétement épuisées, et son personnel se trouvait singulièrement réduit par la maladie. Elle crut pouvoir reprendre le chemin de Saint-Étienne en passant par la Suisse, non sans avoir toutefois offert ses services à l'armée internée dans ce pays. Elle avait recueilli, pansé et soigné, pendant sa marche, 3,829 blessés et malades.

Les dépenses, depuis le départ, se sont élevées à 14,320 francs, c'est-à-dire à moins de 4,000 francs par mois, pour un personnel de 32 médecins et infirmiers. L'organisation de tous ses services avait coûté 14,283 francs. C'est donc un total de 28,603 francs pour les frais de sa création et de son entretien; résultats remarquables, dont il faut faire honneur, non-seulement à l'habileté du docteur Riembault et à son infatigable dévouement, mais encore à l'activité des auxiliaires placés sous ses ordres.

Au début de la guerre, de grands ateliers de travail pour la fabrication d'objets à l'usage des blessés avaient été constitués par le Comité de Saint-Étienne, ce qui lui permit d'expédier à Paris, à Colmar, à Orléans et, plus tard, à Versailles, un matériel considérable. Dès les premiers jours de septembre, il mit en œuvre un service d'ambulance pour les blessés de passage. Les distributions étaient faites par les membres du Comité; le service de la gare a été un des plus actifs; les trains arrivaient à toute heure du jour et de la nuit. Le nombre des pauvres soldats ainsi secourus a été d'environ 500.

Le Comité de secours ne tarda pas à s'attacher le Comité des ambulances sédentaires de Saint-Étienne, constitué primitivement par arrêté préfectoral. Ce dernier Comité, dirigé avec beaucoup de zèle par M. Castel, a recueilli 41,322 francs, sur lesquels il a dépensé 31,366 fr. 35. Le nombre des malades et blessés reçus dans ses ambulances s'est élevé à près de 2,500;

celui des lits mis à sa disposition a été de 853, répartis dans 44 ambulances.

Des Comités auxiliaires furent créés à Montbrison, à Roanne, à Rive-de-Gier et à Saint-Chamond ; tous ont rendu à notre œuvre des services empressés.

IV

DÉPARTEMENT DE SAONE-ET-LOIRE

Dans le département de Saône-et-Loire, deux sections sanitaires principales ont été établies : l'une à Mâcon, sous la direction de M. le docteur Leÿ, l'autre à Châlons, sous celle de M. le docteur Riant, tous deux délégués provisoirement par la Société, et que, dès mon arrivée, je confirmai dans leurs fonctions. Le Comité de Mâcon, présidé par M. Pellorce, en l'absence de M. de Castellane enfermé dans Paris, avait déjà réussi à réunir des dons assez importants qu'il se proposait d'appliquer aux besoins des ambulances de Mâcon. Frappé des ressources que contenait cette ville, j'engagai le Comité à organiser une ambulance volante, en lui offrant pour cet objet, au nom du Conseil central, une allocation de 10,000 francs, à la condition que le Comité compléterait la somme nécessaire à l'organisation et à l'entretien de cette ambulance. Le Comité accueillit avec empressement cette proposition et, grâce à son activité et à celle du docteur Leÿ, spécialement chargé de la formation de cette escouade sanitaire, quinze jours suffirent pour réunir le personnel et le matériel indispensable.

Le personnel se composait de 8 chirurgiens et aides-chirurgiens, 8 infirmiers, tous étudiants en médecine, 1 pharmacien, 1 intendant comptable et ses aides, 1 aumônier catholique, 1 aumônier protestant, et enfin un personnel auxiliaire de 5 membres; en tout, 29 personnes, placées sous la direction de M. le docteur Pomier, qui venait déjà de faire, des environs de Metz à Sedan, une pénible et laborieuse campagne. Plusieurs membres de cette ambulance s'y étaient engagés sans solde, et les autres moyennant une rétribution fort modique. Comme pour les ambulances de Lyon, le dévouement au pays et à une œuvre charitable avait été le mobile de ces engagements. Les vrais éléments de succès des ambulances mobiles sont la charité, l'esprit de sacrifice, et c'est dans l'absence de ces conditions qu'il faut chercher l'explication des mécomptes auxquels ont donné lieu des ambulances formées à la hâte, sans que les dipositions morales et les aptitudes des hommes qui se présentaient pour en faire partie eussent été assez sévèrement examinées.

Le matériel était composé d'un omnibus destiné au transport des blessés, d'une voiture légère et d'un fourgon chargé de provisions et d'objets à pansement. L'ambulance de Saône-et-Loire s'est trouvée, ainsi que l'expérience l'a démontré à M. le docteur Pomier, parfaitement organisée et répondant très-bien à toutes les exigences du mouvement des armées; assez nombreuse pour pouvoir, à un moment donné, rendre tous les services possibles; assez restreinte, d'autre part, comme matériel et personnel, pour se mouvoir librement à la suite d'un corps d'armée.

L'ambulance partit de Mâcon le 25 octobre 1870. Après divers stationnements où elle ne put exercer sa bonne volonté, elle figura avec honneur à Bellegarde et resta l'une des dernières à proximité de ce champ de bataille. Elle suivit le mouvement si douloureusement accidenté de l'armée dans sa retraite vers Bourges, et dut exécuter une série de marches forcées, par un froid des plus intenses, partageant souvent les plus pénibles épreuves avec les pauvres soldats blessés ou malades dont elle s'efforçait de soulager les misères. Plus tard, en face de certaines difficultés nées du décret du 31 décembre, et en considération des nécessités croissantes qui s'imposaient aux ambulances sédentaires de Mâcon, d'accord avec le Comité, j'autorisai le retour de l'ambulance volante dans cette ville. Pendant cette campagne de deux mois et demi, ses dépenses totales ne s'étaient élevées qu'à 12,400 francs.

En ce qui concerne les ambulances sédentaires, on en compta bientôt 21, dont 17 à Mâcon même, et 4 dans les environs. Dans l'hôpital civil, 140 lits furent disposés pour recevoir nos blessés; 98 dans l'asile communal, 100 au couvent de la Miséricorde, 50 au lycée Lamartine, 225 à l'ambulance de passage à la gare, etc. A l'école de Cluny, à Charolles, à Montchanin, dans la propriété de M. Avril, à Saint-Léger-sur-Dheune, à Verdun, à Pierre, et à Bourbon-Lancy, 300 lits furent offerts, ce qui porta à 1,084 le total de ceux dont le Comité put disposer. Au 31 mars, 6,704 malades avaient été traités, donnant un chiffre de 66,842 journées de traitement. Pour certains de ces établissements, un marché à forfait fut passé avec l'administration de la guerre, à raison de 1 fr. 10 par jour et par homme; les autres ont été administrés et dirigés par le Comité qui, vu la difficulté et même l'impossibilité de traiter à forfait et d'établir un prix fixe et uniforme, a réglé avec chacun, sur présentation des mémoires accompagnés de pièces justificatives. La Société ne recevait de l'intendance que 1 fr. par journée de traitement. Les charges des ambulances particulières ont été exclusivement supportées par les propriétaires.

Tout s'est-il passé dans ces ambulances avec autant d'ordre et d'entente que nous aurions pu le désirer? C'est ce que nous ne saurions assurer. Ce n'est point le zèle ni la bonne volonté qui ont fait défaut; si de pauvres blessés sont demeurés parfois, pendant bien des heures, sur de la paille infecte; si tout n'était pas toujours préparé comme il aurait dû l'être, il faut l'attribuer à l'intensité de la crise que nous traversions, crise qui prenait plus particulièrement l'intendance au dépourvu. Les ordres ne parvenaient pas à temps; des trains de malades et de blessés, qui n'avaient point été ravitaillés depuis longtemps, entraient en gare sans qu'ils fussent attendus. Rien ne pourrait donner l'idée de pareils convois, où, parmi des débris humains respirant encore, on trouvait parfois des cadavres. Pour répondre à tous ces douloureux appels, pour suffire à cette tâche, il ne fallait rien moins que l'activité du docteur Leÿ et des habitants de Mâcon qui le secondaient.

Il y avait à la fois à désigner et à faire aménager

les locaux, à les pourvoir du matériel nécessaire, à recueillir tous les dons en nature, à assurer le transport des malades de la gare à l'hôpital et aux ambulances. (Voir le rapport de M. le docteur Leÿ, délégué principal.)

La population mit un véritable empressement à contribuer aux dépenses du Comité. On vit bientôt affluer dans ses magasins des objets de toute nature, linge, literie, vêtements, vin, thé, tabac, ce qui permit au docteur Leÿ de terminer l'organisation de ces hôpitaux temporaires, de les pourvoir d'un matériel complet et d'un excellent personnel de médecins, d'infirmiers et de sœurs hospitalières. L'ambulance de la gare mérite d'être particulièrement signalée. Un vaste emplacement fut offert et aménagé par la compagnie du chemin de fer. On put éviter ainsi le *couchage élémentaire* (paille, nattes, etc.,) dont voulait se contenter l'intendance. « Celui qui vient de donner son sang pour la Patrie a bien droit à un lit pour souffrir ou mourir. » L'ambulance put être pourvue de 220 lits complets et ne ressemblait heureusement en rien à ces sortes d'étables humaines où les malades étaient parfois entassés, lors du passage de certains corps d'armée.

Il arrivait continuellement à Mâcon des malades et des blessés de l'armée du Rhin et de l'armée de la Loire; les camps établis à peu de distance, à Chagny et à Argent, les champs de bataille de Dijon, de Nuits, et plus tard les départements de l'Est, pendant la funeste campagne de l'armée de Bourbaki, nous envoyaient leur triste contingent. C'est de Nuits que fut ramené dans une de nos ambulances particulières de Mâcon, chez Mme la vicomtesse de Davayé, le brave et infortuné général Celler, l'une des victimes de ce combat.

Si j'ai toujours eu lieu d'être satisfait de mes relations avec le Comité de Mâcon, il n'en a pas été tout à fait de même de celles que j'ai eues avec M. Morin, préfet de Saône-et-Loire. Ce haut fonctionnaire, installé depuis trois mois à Mâcon, n'avait pas trouvé, à ce qu'il paraît, dans le Comité de cette ville, les éléments politiques qu'il aurait voulu y voir dominer, et, se méprenant entièrement sur ses droits, il déclara que ce Comité avait cessé d'exister et en nomma un autre de sa façon. Je ne crus pouvoir accepter un procédé aussi sommaire. Dans une séance spéciale, je confirmai notre Comité dans ses fonctions et je déclarai à mon tour au préfet que je ne pouvais reconnaître aucune valeur à son arrêté qui ne tenait compte ni de l'indépendance ni de l'organisation de notre Société. Après une lutte assez vive, M. Morin, ramené à une appréciation plus exacte de la situation, finit par abandonner ses prétentions par trop autoritaires.

CHALON-SUR-SAÔNE

A Châlon, un Comité local, présidé par M. Zolla, avait déjà recueilli des dons en nature, dont une portion avait été envoyée au siége de la Société, à Paris. D'autre part, la commission administrative des hospices avait, d'accord avec l'administration civile et militaire, adopté d'importantes mesures. L'assimilation de ces deux Comités, sans être complète, leur permettait de confondre leurs efforts en faveur de l'œuvre commune. Sur la demande du Comité des hospices, je procédai à son affiliation régulière à la Société de secours, en sorte que bientôt toutes les ambulances de la ville se trouvèrent placées sous le patronage de la Société.

M. le docteur Riant, délégué principal, avait parfaitement compris combien la situation de Châlon se prêtait à d'importantes ambulances sédentaires. Ainsi que Mâcon, Châlon se trouvait en communication directe avec les différentes régions de la France, soit pour les arrivages de malades et de blessés, soit pour les évacuations sur les hôpitaux et dépôts de convalescence. Il reconnut qu'il convenait d'y établir, non de ces petites ambulances de quelques lits, disséminées chez les particuliers, mais de vastes hopitaux-ambulances, avec une organisation suffisante pour que leur fonctionnement régulier fût assuré. Enfin, considérant que pour la plus grande partie des malades, la guérison est lente et pénible, le docteur Riant établit des ambulances de convalescents. Situés aux environs de Châlon, et dans l'arrondissement, ces dépôts restaient sous la direction du docteur et soumis à son contrôle attentif et persévérant.

Dès le commencement d'août, une convention était intervenue entre le ministre de la guerre et la commission administrative des hospices de Châlon. Le sous-intendant militaire se chargeait du traitement complet des malades et blessés et du remboursement des dépenses de toute nature que la commission jugerait nécessaires pour ce traitement. Je dois dire, en passant, que le remboursement s'est fait parfois trop attendre ; ici, comme ailleurs, la routine administrative et les exigences d'une comptabilité inutilement compliquée apportèrent des entraves à nos règlements de comptes.

Un personnel nombreux, au milieu duquel se firent remarquer M. Chevreau, à la direction de l'hôpital et de l'hospice Saint-Louis, ainsi que M. Bô, à celle de la caserne, apporta un très-grand zèle à l'accomplissement des fonctions qui lui furent confiées par le Comité. Des ambulances avaient été établies et organisées dans huit locaux principaux, contenant ensemble près de 1,000 lits. La grande caserne seule en renfermait 450, nombre qui a dû être augmenté lors de l'installation du camp de Chagny et du passage de l'armée de Bourbaki.

Les Dames de Châlon s'étaient réunies et avaient établi un ouvroir permanent où chacune d'elles venait travailler et veiller à ce que les approvisionnements de charpie, de linge, d'objets de pansement, de vêtements chauds, fussent toujours au niveau des demandes qui renaissaient sans cesse. Des bains avaient été installés dans l'ambulance principale. L'alimentation des malades était l'objet d'une attention spéciale; chaque ambulance possédait une cuisine avec tous les fourneaux, appareils et ustensiles nécessaires. Des soins de toute sorte réconfortaient le pauvre soldat, bien près souvent de s'abandonner au désespoir, en face de ses souffrances et de sa misérable situation. On avait même pourvu à la mise en état des armes du blessé ou du malade pendant son séjour à l'ambulance, en sorte que le soldat guéri, outre des vêtements nouveaux, trouvait encore ses armes prêtes.

Plusieurs ambulances furent mises à la disposition du Comité, à Chagny, à Rully, à Saint-Gengoux, à Tournus, à la Marche, dans les châteaux de M. le marquis de Beaurepaire et de M. le vicomte de la Loyère.

Le mouvement des ambulances de Châlon a été considérable; le nombre des blessés et malades qui y ont reçu des soins s'élève à environ 10,000, et celui des journées de maladie à près de 85,000. A mesure que l'œuvre s'étendait, M. le docteur Riant a prouvé qu'avec du dévouement et une judicieuse et incessante activité, il est possible, non-seulement de pourvoir à tous les besoins de nombreuses ambulances, mais encore de réaliser beaucoup d'améliorations dans le sort des blessés et malades des armées.

Dans le département de Saône-et-Loire, j'ai affilié à la Société deux nouveaux Comités auxiliaires, ceux d'Autun et du Creusot, présidés, le premier par M. le docteur Bérolle, le second par M. le docteur Caucal. Ces Comités ont organisé des ambulances qui ont rendu de nombreux et réels services. C'est au Creusot, c'est-à-dire à une distance respectueuse des champs de bataille, que la fameuse ambulance garibaldienne avait jugé prudent de se replier au premier coup de canon.

V

DÉPARTEMENT DE L'AIN

Le département de l'Ain a eu beaucoup moins à souffrir que les départements voisins des tristes conséquences de la guerre. Non-seulement il n'a pas été envahi, mais encore, se trouvant en dehors des grandes voies de communication, il n'a pas eu son territoire traversé par ces véritables migrations de malades et de blessés, dont le triste cortége s'allongeait sans cesse sur la grande ligne de Dijon à Lyon.

La ville de Bourg n'en avait pas moins fait de grands préparatifs hospitaliers. Sept ambulances, dont une à la gare, avaient été installées dans divers établissements de la ville par les soins du Comité, présidé par M. Guillon; deux autres avaient été créées, à Ambérieux et à Miribel, par des particuliers, avec l'aide du Comité. Le nombre des lits dont la Société pouvait disposer dans le département s'est élevé à 700 environ; le nombre des blessés et malades secourus a été de près de 3,000; il y avait plus de malades que de blessés, sans que l'on puisse déterminer exactement le chiffre de chacune de ces deux catégories.

L'intendance payait 1 fr. 20 c. par homme et par jour; le Comité fournissait tout le linge et le vin nécessaires. Sur 76,000 francs recueillis, 40,000 environ ont été dépensés. La valeur des dons en nature a de beaucoup dépassé celle des dons en argent.

Sur le revers du Jura, la petite ville de Gex s'est distinguée par son empressement à recevoir les malheureux soldats d'un corps de l'armée de l'Est, qui réussirent, au milieu des neiges, à franchir les gorges escarpées des montagnes, pour échapper à la prison ou à l'internement. Ils arrivaient affamés, exténués, et n'ayant souvent pour vêtement que de misérables débris de leurs uniformes.

Cette fraternelle réception fut facilitée aux habitants de Gex par d'abondants envois de Divonne, de Crassier, etc., ainsi que par ceux du Comité de Genève et de ma délégation.

VI

DÉPARTEMENT DU JURA

Le département du Jura, au mois de novembre, était encore dépourvu de Comités et même de tous préparatifs. Il ne s'y trouve aucun hôpital militaire; il était donc encore plus urgent que partout ailleurs d'organiser des ambulances volontaires et d'y réunir tout ce qui doit servir à leur entretien. Non-seulement les éléments de secours n'existaient que sous la forme d'offres faites par quelques habitants de recevoir chez eux un petit nombre de blessés, mais encore la mobilisation des légions de marche s'effectuait sans que l'on eût songé à les pourvoir d'un service médical et d'un service sanitaire suffisants. (Voir le rapport de M. Amédée David.) Dans l'intention de remédier à cette regrettable lacune, un Comité se constitua à Lons-le-Saulnier, sous la présidence de M. Thurel, maire de la ville; M. Amédée David, vice-président, chargé de toute la partie active de l'œuvre, accomplit sa mission avec un zèle qu'aucun obstacle n'a pu décourager.

Je me hâtai d'affilier ce Comité à notre Société, et je mis à sa disposition la somme de 3,000 francs pour concourir à la formation d'ambulances sédentaires. M. l'administrateur du département accorda au Comité une des salles de l'école normale; 86 lits y ont été installés; 112 malades, dont 44 Prussiens, y sont entrés et y ont reçu les soins les mieux dirigés.

Une seconde ambulance, contenant 52 lits, fut établie dans le dépôt de mendicité; quatre autres, de moindre importance, s'ouvrirent également pour les malades qui ne tardèrent pas à y affluer.

Le 20 janvier, un corps d'armée français, sous les ordres du général Pelissier, arriva à Lons-le-Saulnier pour défendre les abords de cette ville. Sans tenir aucun compte du respect dû aux ambulances qui, à ce moment-là, renfermaient beaucoup de malades et de blessés, des troupes vinrent s'installer, d'après les ordres qu'elles avaient reçus, dans les salles mêmes de nos malades et dans les lits contigus. Il résultait de cette fâcheuse mesure toute sorte d'inconvénients, tant au point de vue de l'hygiène qu'à celui du repos et des soins qu'exigent des malades; il y en avait aussi au point de vue de l'observation de la Convention de Genève. En effet, aux termes de l'article 14, les établissements hospitaliers qui renferment des troupes régulières avec armes et munitions de guerre ne jouissent plus du bénéfice de la neutralité. Il s'ensuivait qu'en cas d'invasion, la sécurité des malades et des blessés pouvait se trouver gravement compromise. Le Comité fit valoir ces justes raisons auprès de l'autorité militaire, mais ses réclamations restèrent sans réponse et sans effet.

Le Comité ne devait pas être heureux en ce qui concernait le respect dû à ses ambulances. Au commencement de février, l'accroissement du nombre des malades allemands motiva l'arrivée à Lons-le-Saulnier de l'ambulance N° 10 du 2e corps d'armée. Le Comité se mit à la disposition des Prussiens pour les seconder dans la recherche d'un local où l'ambulance étrangère pût s'établir; mais les Allemands, peu reconnaissants de sa démarche, jugèrent qu'aucun lieu n'était mieux à leur convenance que celui de notre principale installation à l'École normale. Le Comité fut donc mis en demeure d'avoir à faire évacuer les malades français qui se trouvaient dans cet établissement, sous peine de les voir faits prisonniers. Le Comité protesta contre cette violation du traité de Genève, mais le général prussien fut inflexible. Toutefois il offrit, à titre de compensation, de s'engager à laisser la liberté à tous les malades ou blessés qui se trouveraient dans la ville et à leur donner des saufs-conduits pour rentrer dans leurs foyers.

S'autorisant de la circulaire ministérielle qui prescrivait l'établissement d'ambulances dans les gares principales ou de bifurcation, le Comité insista auprès de l'intendance et de l'administration départementale, à l'effet d'obtenir de la Compagnie Paris-Lyon-Méditerranée une partie de la gare pouvant être affectée au service hospitalier; mais ce ne fut que vers la fin de janvier, et après de nombreuses sollicitations, qu'un poste médical et une ambulance purent y être établis. Pendant les mois de février et de mars, de nombreux convois d'évacuation de malades et de blessés eurent lieu par Lons-le-Saulnier; beaucoup de militaires isolés s'y arrêtaient journellement. Des saufs-conduits leur étaient délivrés par les soins de la Société, et souvent, après quelques jours de repos, et munis de ce qui leur était le plus nécessaire, ils pouvaient regagner leurs dépôts. Dans le courant de mars, surtout, après la réouverture du chemin de fer, les évacuations multipliées de Suisse, de Belfort ou de Besançon, traversèrent également la ville. Notre poste de secours à la gare fonctionna jour et nuit. Le service en était fait par plusieurs personnes de la ville, qui se vouèrent à cette pénible tâche avec la plus persévérante charité. Les distributions de vivres et de vêtements avaient lieu au passage de chaque train, et les soins médicaux étaient prodigués à tous ceux des pauvres voyageurs dont l'état réclamait l'urgence.

DÔLE

A partir de la fin d'octobre, les ambulances établies par le Comité de Dôle furent inaugurées par la réception de nombreux malades et blessés. Les ambulances contenaient environ 380 lits; mais les Allemands ayant jugé bon d'en prendre 200 pour eux, il s'ensuivit un fâcheux encombrement dans les ambulances demeurées intactes. Des observations furent adressées au médecin en chef prussien, au sujet des évacuations prématurées de malades français qu'il avait ordonnées pour s'emparer des lits occupés par eux.

En dehors de la ville de Dôle et de celle de Cousance, aucun Comité auxiliaire régulier n'avait été constitué dans le département du Jura; néanmoins, dans presque toutes les communes de ce département, des malades ont été recueillis et soignés, et des dons ont été réunis en leur faveur. A Salins, on comptait 15 ambulances particulières; à Champagnole, Morez, Saint-Claude, les Rousses, Arbois, Poligny, Clairvaux, etc., beaucoup de blessés trouvèrent un asile chez des particuliers, où ils reçurent tous les soins désirables.

VII

DÉPARTEMENT DE LA COTE-D'OR

A mon arrivée à Dijon, je n'y trouvai que peu de préparatifs faits en vue de la guerre; aucun Comité n'y avait été constitué. Je me hâtai de prendre des mesures pour en établir un. M. Dubois, maire de la ville, M. d'Azincourt, administrateur provisoire du département, et M. le général Sencier, me prêtèrent leur concours avec empressement; aussi, un Comité nombreux fut-il bientôt formé sous leur direction. Son premier soin fut d'adresser un chaleureux appel au public, pour en obtenir des dons en nature et en argent, qui permissent de former, en même temps que des ambulances sédentaires, une ambulance mobile, dont je demandais l'établissement en offrant au nouveau comité une allocation de 10,000 francs. M. Favre, délégué principal de la Société, auquel je confirmai son mandat, fut chargé de constituer cette ambulance mobile dont je parlerai plus loin.

Dijon est une ville de ressources, et si j'ai rencontré un peu d'hésitation au début, je fus heureux de voir s'y développer un très-vif intérêt pour notre œuvre, et un sentiment patriotique qui devait bientôt se trouver mis à une rude épreuve, par suite des rapides progrès de l'invasion. Le Comité, présidé d'abord par M. Dubois, puis par M. le vicomte Raoul de Saint-Seine, se mit à l'œuvre avec la plus louable activité.

Des salles furent préparées dans l'hôpital; on y comptait 200 lits environ. Dans la salle de Flore, dans la salle Philharmonique, à l'Hôtel de Ville, dans l'hôtel de M. le vicomte de Saint-Seine ainsi que dans plusieurs maisons particulières, des ambulances furent installées avec beaucoup de soin, de manière à rendre des services prompts et efficaces.

D'après la statistique dressée par le Comité, on peut évaluer à 1,200 le nombre des militaires de tous grades, Français et Prussiens, soignés dans les ambulances particulières de la ville. Je puis ajouter que les blessés des deux nations, sans aucune distinction, ont été l'objet de soins et de prévenances par lesquels se manifestaient les sentiments généreux de la population civile. Ici encore, la Société de secours aux blessés a reçu d'universels témoignages de sympathie, qui se traduisaient par des dons multipliés. Il en vint de Genève, de Bâle, de Neuchâtel, de Londres et de Moscou, aussi bien que de plusieurs points de la France, spécialement de Lyon et de Tours, de la part de la Société anglaise établie dans cette dernière ville. Les défaillances qui avaient marqué notre début firent place à un courage et à un dévouement que nous aimons à constater.

Les recettes du Comité se sont élevées à 60,565 fr. et ses dépenses à environ 40,000 fr. (Voir le rapport du Comité sectionnaire de Dijon.)

AMBULANCE MOBILE DE DIJON

L'ambulance mobile de la Côte-d'Or, dont j'avais demandé l'établissement, fut constituée dans les mêmes conditions que celle de Saône-et-Loire. Son directeur, M. le docteur Dugast, homme d'intelligence et d'énergie, avec l'aide du Comité et de M. Favre, délégué, réussit à s'entourer d'un personnel excellent, modeste dans ses prétentions, ardent à faire le bien sans éclat ni retentissement. Le 22 octobre, elle se mit en marche, accompagnée, jusqu'à l'extrémité des faubourgs de Dijon, par toute la population désireuse de l'encourager dans sa mission et de lui témoigner la confiance que le département plaçait dans son dévouement.

L'ambulance se porta à la suite des mobilisés, sur la route de Talmay à Pontailler. Elle ne tarda pas à rencontrer des fuyards, et, un peu plus loin, un bataillon de ces malheureux jeunes soldats en blouse, incomplétement équipés, condamnés à bivouaquer sans abri et presque sans aucun moyen de ravitaillement. Sur plusieurs points, notamment à Talmay, l'ambulance a pu secourir beaucoup de blessés disséminés, et souvent abandonnés à leur misérable sort; elle en ramena plusieurs à Dijon, qui venait d'être occupé par les Allemands, et elle dut attendre que le vainqueur lui accordât l'autorisation de pouvoir franchir ses lignes. Pendant sa courte campagne, le docteur Dugast avait reconnu que son personnel était trop nombreux, qu'une ambulance plus restreinte exigeait moins de dépenses, qu'elle était d'une installation plus facile, d'une utilité plus constante, que son matériel était moins compliqué, l'organisation plus simple, la responsabilité moins lourde, les éléments de désordre plus rares, l'autorité du chef plus facilement acceptée, l'entente cordiale plus complète. C'est, du reste, ce que l'expérience avait déjà démontré à la délégation de la Société à Bruxelles, puis à celle de Tours; c'est ce qui les avait portées à dissoudre les anciennes ambulances pour les réorganiser sur de nouvelles bases et avec un personnel beaucoup moins nombreux.

Celle de Dijon fut réduite à vingt et un membres. Le 12 novembre, l'armée prussienne ayant quitté précipitamment Dijon, l'ambulance se hâta de profiter de la liberté que le hasard lui rendait, pour se remettre en campagne. Elle fut bientôt attachée à la

1re division du 18e corps, et elle se trouva appelée à rendre de grands services, comme d'autres ambulances de ma délégation, à Ladon, à Juranville, à Beaune-la-Rolande. A Bourges, où vinrent se concentrer tant de misères et de souffrances, elle réussit à donner ses soins à plus de 5,000 victimes d'une retraite faite dans des conditions désastreuses. De Bourges, elle se rendit à Dôle, et de là à Besançon, où elle soigna, depuis le 18 janvier jusqu'à la fin de février, dans les baraques du lycée ou dans l'établissement de Bellevaux, 1,600 malades congelés ou blessés, appartenant à la malheureuse armée de l'Est. Le 2 mars, l'ambulance rentra à Dijon avec un personnel fort réduit par les maladies que le froid, la fatigue et la contagion déterminèrent parmi ses membres. Tous, dans leur charitable mission, avaient montré autant de désintéressement que de patriotique énergie.

Plusieurs villes du département se distinguèrent par leur active intervention en faveur des blessés. A Nuits, tous les habitants ont rivalisé de zèle, de charité et de dévouement, au milieu des circonstances les plus graves et les plus difficiles. Le Comité auxiliaire de cette ville, présidé par M. le comte Liger-Belair, a coopéré à la fondation ou à l'entretien de plusieurs ambulances qui se faisaient remarquer par leur excellente organisation.

A Beaune, on compta aussi plusieurs établissements sanitaires. A Saint-Seine, le directeur de l'établissement des bains mit une salle bien aménagée à notre disposition. Les ambulances établies à Plombières et à Arnay-le-Duc devinrent de très-utiles auxiliaires.

VIII

DÉPARTEMENT DE LA HAUTE-SAONE

Dans ce département, on n'eut que le temps d'improviser des ambulances à Vesoul, à Lure et dans quelques autres localités. Dès le début de l'envahissement, elles se trouvèrent encombrées de blessés et de malades, en sorte que les approvisionnements devinrent insuffisants. Les Allemands, qui y avaient bon nombre des leurs, pourvurent en partie aux nécessités de la situation, mais l'abondance ne reparut que lorsque la Société anglaise, section du capitaine Nevill, vint se fixer à Vesoul et établit dans cette ville, avec son dépôt général, les quantités énormes de matériel que cette Société conduisait partout avec elle. Grâce à ces ressources providentielles, les Comités purent subvenir à tous les besoins et concourir en même temps à l'administration et à l'alimentation générale.

IX

DÉPARTEMENT DU DOUBS.

Dès les premiers bruits de guerre, un Comité nombreux s'organisa à Besançon, sous la présidence de

M. Jobard. Il choisit pour secrétaire M. Oudet, dont l'active sollicitude et le zèle éminemment patriotique ne se démentirent pas un seul instant. Des listes de souscription furent ouvertes, et dans la ville de Besançon seulement, le Comité encaissa 71,000 fr., auxquels vinrent se joindre des dons en nature pour une somme assez importante. Il fut recueilli, en outre, à la Trésorerie générale, 17,679 fr. 25 c., sur lesquels je fis remettre au Comité 14,425 fr. 15 c., pour coopérer à la formation d'une ambulance volante dont j'avais provoqué l'établissement.

Les médecins et pharmaciens de la ville, les élèves en médecine et en pharmacie, qui ne se trouvaient pas encore attachés aux hopitaux, se mirent à la disposition du Comité. Le service, fait par eux et par un grand nombre de personnes d'aptitudes diverses, qui étaient venues se grouper autour du bureau, se trouva largement assuré. Toutes les fonctions, sauf quelques emplois subalternes, étaient gratuites. Beaucoup de dames de la ville s'attachèrent avec empressement à l'œuvre nouvelle.

Le concours des corporations religieuses lui fut également offert; chacun réclama sa part de travail. Le Comité de Besançon ayant été directement affilié à la Société par le Conseil central, j'ai eu seulement à obvier aux difficultés créées par les distances et par la marche rapide des événements. J'autorisai le président du Comité à délivrer en mon nom les brassards ,et à signer les cartes nominatives qui les accompagnent.

Pendant la première période des opérations, 300 lits environ furent préparés en ville et dans les établissements hospitaliers.

Les combats de Voray, de Cussey et d'Auxon réclamaient la présence du personnel sanitaire du Comité. A Valentin, il dépassa les derniers postes français, l'armée de défense étant rentrée, pour la nuit, sous les murs de la place.

« Alors, à la lueur des lanternes et de l'incendie d'Auxon, commença cette lugubre besogne de recueillir les blessés le soir d'une bataille. A chaque instant, les ambulanciers rencontrent des soldats, la tête bandée, le bras en écharpe, regagnant, seuls et silencieux, la ville et les hôpitaux. D'autres, plus gravement atteints, sont portés par leurs camarades, dans des couvertures ou sur des fusils servant de brancards improvisés. Des installations rapides se font dans de pauvres maisons de paysans ; des chirurgiens y accourent et y trouvent des blessés dont le nombre augmente sans cesse; des convois sont organisés pour la ville.

« L'armée allemande, campée sur la rive droite de l'Oignon, après avoir expédié ses propres blessés sur Gray et Vesoul, fit un mouvement du côté du Nord et s'éloigna. Elle abandonna des blessés français et quelques Prussiens, trop malades pour être emmenés. Aussitôt arrivèrent les fourgons du Comité de Besançon, où fut installé tout ce qui était transportable. En revenant, l'ambulance rencontra un corps de uhlans. Ceux-ci se précipitèrent d'abord en avant, mais, ayant reconnu le drapeau international, ils s'arrêtèrent et laissèrent passer le convoi tout entier.

« Nous tenons à le dire, écrit M. Oudet, parce que telle est, en ce qui nous concerne, la vérité : Les officiers allemands connaissaient la Convention de Genève et ils nous ont respectés. » (Voir le rapport de M. Oudet, secrétaire du Comité de Besançon.)

Les ambulances extérieures se multiplièrent rapidement, spécialement sur la montagne, à Nancray, la Grâce-Dieu, Sancey, Audincourt et Valentigney, où fut inauguré un bel hôpital, construit par la famille Peugeot. Toutes reçurent plus ou moins de blessés.

Mais ce fut surtout aux approches de l'armée de l'Est, que le Comité de Besançon dut redoubler d'activité.

Ce vaste mouvement militaire, qui aurait pu avoir de si grandes conséquences s'il eût été assez rapidement exécuté, se trouva malheureusement dépasser les forces de soldats, courageux sans doute, mais non encore aguerris, et commandés par des officiers improvisés. La neige qui couvrait la terre, la fatigue et les privations, engendrèrent bientôt la pneumonie et la variole. Beaucoup d'hommes furent atteints de congélation; ils tombaient sur les bords des chemins et dans les rues des villages. Les hôpitaux et ambulances de Besançon se remplirent de malades. Fatal début pour une armée qui s'avançait contre un ennemi mieux préparé et comme insensible aux rigueurs des batailles et des intempéries. Après les combats meurtriers de Villersexel, d'Héricourt et de Montbéliard, les blessés arrivèrent de toutes les directions, et l'encombrement devint inquiétant. Les réexpéditions durent se faire à la hâte sur Mâcon et les hôpitaux du Midi.

Le mouvement de retraite produisit bientôt des scènes indescriptibles de confusion et de souffrances, et les efforts du Comité, comme ceux de l'intendance, demeurèrent impuissants en face de cette multitude de soldats épuisés et défaillants, que décimaient les fièvres, les bronchites, la variole et le typhus.

Cependant l'ennemi approchait toujours; il fallut continuer cette douloureuse retraite, qui ne s'arrêta qu'en Suisse, où ce qui restait de l'armée de l'Est, comme un navire désemparé, vint chercher un refuge contre la tempête.

X

SUISSE

GENÈVE

Au delà de la frontière, le sort de nos blessés et de nos malades n'excitait pas un moins vif intérêt, une moins chaleureuse sympathie. Le Comité central suisse, et d'autres Comités institués dans la plupart des cantons, avaient ouvert des souscriptions et recueilli des dons en nature. Le Comité international de Genève, activement secondé par son agence de Bâle, a fait, pendant toute la durée de la guerre, d'incessants envois de fonds et d'objets en nature, linge, vêtements, literie, etc., aux comités et aux ambulances des départements de l'Est, du Centre et de l'Ouest. Lorsque la ligne de Bâle à Genève, à l'époque qui précéda l'internement, fut désignée pour le rapatriement des blessés du sud de l'Allemagne, ces deux villes furent traversées par plus de 10,000 blessés qui y rencontrèrent une hospitalité empressée. Les trains arrivaient à Genève à toute heure du jour et de la nuit. Des membres du Comité international les attendaient, soit pour leur distribuer des aliments et des boissons chaudes, soit pour les conduire dans une ambulance de passage.

Beaucoup de ces pauvres blessés restaient à Genève, où ils étaient recueillis, les uns chez des particuliers, les autres dans une grande ambulance fondée par Mme Schlumberger.

Des ventes furent organisées en faveur des victimes de la guerre; celle de Genève produisit près de 85,000 francs. Des comités se formèrent pour porter des secours aux populations ravagées, en Alsace, en Lorraine, et dans les départements envahis limitrophes de la Suisse; d'autres avaient pour but de procurer à ces mêmes départements des ressources au point de vue agricole; d'autres encore, de recueillir des familles alsaciennes, et surtout de nombreux enfants, devenus une charge trop lourde pour ces familles ruinées.

Partout, ici comme en France, les femmes se montrèrênt actives, dévouées et toujours prêtes à entourer les blessés et les malades de la plus efficace sollicitude.

Aussitôt que Paris fut rouvert, le Conseil central voulut prendre part aux œuvres de secours en faveur des blessés et des internés français en Suisse. M. le comte de Flavigny, le dévoué et vigilant président de notre Société, me chargea de verser au Comité international de Genève une somme de 20,000 francs; M. le comte Sérurier, notre infatigable vice-président, m'écrivit également à ce sujet. Les actives démarches de MM. le marquis de Villeneuve-Bargemont, comte Lemercier et vicomte de Flavigny, délégués régionaux, auprès du gouvernement de la défense nationale à Tours et à Bordeaux, avaient eu pour résultat de faire autoriser les Trésoriers généraux à mettre de nouvelles ressources à la disposition des délégués.

J'en profitai pour renouveler plusieurs subsides destinés aux blessés et pour prendre une part plus efficace au mouvement qui portait tout le monde, en Suisse, à s'occuper des soldats internés. Je pus aussi charger MM. Henri et Bernard de Mandrot, attachés à ma délégation, d'aller dans les départements envahis distribuer 6,000 francs, partie à nos ambulances, partie aux victimes de la guerre.

C'est pendant cette difficile et douloureuse période que j'ai pu apprécier le concours toujours cordial et empressé, l'appui discret et sûr, de M. G. Moynier, président du Comité international de Genève, de M. Dubs, président du Comité central suisse, de M. Vischer-Sarasin, président de l'Agence de Bâle pour les blessés, de M. Christ-Socin, président du Comité de secours aux prisonniers. Leurs Comités, ainsi que ceux de Neuchâtel, de Lausanne et de plusieurs autres villes de Suisse, ont rendu des services multipliés à notre cause. Le Comité français de Genève a déployé le plus grand zèle.

Le 20 décembre 1870, les étudiants français de la faculté de théologie de Genève prenaient la résolution de s'employer aux soins des soldats victimes de la guerre; plusieurs d'entre eux avaient déjà fait le service d'infirmier. Ils se décidèrent à fonder une ambulance pour laquelle ils sollicitèrent l'aide de la Suisse.

Ils trouvèrent auprès du Comité international de Genève, et auprès du gouvernement fédéral, l'accueil le plus bienveillant; de mon côté, je m'empressai de concourir à la formation de cette petite escouade en lui allouant 2,000 francs, avec promesse d'augmentation dans le cas où cela deviendrait nécessaire. L'administration militaire fédérale mit à sa disposition un fourgon d'ambulance, abondamment garni d'appareils sanitaires et d'approvisionnements. Les listes de souscription furent favorablement accueillies, et enfin, à Genève même, il se constitua un Comité de surveillance générale.

M. Schulz-Milson, dont le zèle électrisait tous ses braves compagnons, prit la direction de l'ambulance. Elle se composait de 20 personnes et comptait 3 docteurs en médecine, dont deux étaient Suisses, plus un jeune étudiant de la faculté de Berne. Trois voitures portaient son matériel, ses provisions, et une grande quantité de vêtements. Elle se dirigea, par le Jura, vers l'armée du général Bourbaki; mais elle ne la rencontra que pour assister à son désastre. Se joignant alors à l'arrière-garde qui, par Morteau, marchait sur Pontarlier, elle s'employa au soulagement des innombrables misères dont elle était entourée. Grâce à la faveur que lui conciliaient les insignes de la Société internationale, elle réussit plus d'une fois à procurer un asile et des soins dévoués à de malheureux soldats incapables de continuer leur route.

Elle s'arrêta aux Verrières et parvint à s'y établir. Le village, pauvre et à demi enseveli sous les neiges, était incessamment traversé par d'interminables colonnes de soldats en désordre, offrant le plus singulier mélange de tous les corps de l'armée en retraite, et d'où l'on voyait se détacher et tomber sur le sol glacé de pauvres militaires qui ne pouvaient plus se relever.

Pendant les premiers jours, l'ambulance eut bien de la peine à nourrir ses hospitalisés, dont le nombre s'éleva un moment à près de 200. Elle n'y serait même pas parvenue, si, secondant M. Schulz, l'autorité militaire suisse ne lui avait fourni sans interruption tout le pain qui lui était nécessaire. Le pays, en effet, était épuisé, et les communications pour ainsi dire impossibles.

Les évacuations s'opérèrent peu à peu, et vers la fin de février, l'ambulance put rentrer à Genève, après cinq semaines de campagne, ayant au bilan de son activité 1800 journées de traitement. Le total des frais de cette expédition, y compris ceux de l'installation, s'est élevé à 13,000 fr. Les souscriptions couvrirent plus de deux fois cette somme, et nos jeunes étudiants ont eu la joie de pouvoir consacrer 16,000 fr. environ au soulagement des victimes de la guerre dans les départements voisins.

« Ils recueillirent pour eux-mêmes une encourageante instruction, me disait M. Schulz : c'est que ni la bienveillance et la générosité des hommes de bien, ni la protection divine, ne sauraient manquer à qui met résolûment la main à la charrue pour tracer son modeste sillon dans le champ immense offert ici-bas à la charité. »

INTERNEMENT

Au milieu des souffrances sans nombre produites par la guerre, et grâce à l'universel déploiement de charité qui faisait avec ce sombre tableau un contraste si consolant, la sphère d'activité de notre Société s'est étendue bien au delà des limites qui semblaient lui être tracées. Les événements l'ont obligée à dépasser la lettre de ses statuts, et, s'attachant plutôt à l'esprit qui a présidé à sa fondation, elle n'a pas voulu qu'aucune épreuve du soldat lui demeurât étrangère. Après s'être occupée des blessés et des malades, elle a dû s'occuper aussi des prisonniers, de leur sort, de leur rapatriement; elle a même étendu sa sollicitude, bien que dans une mesure moindre, aux soldats internés en Suisse. La Convention de Genève n'avait pas prévu le fait si extraordinaire de l'internement d'une armée de 85,000 hommes, mais la seule observation des règles du droit des gens a suffi pour aplanir toute difficulté à ce sujet.

Comme on le sait, l'armée de l'Est fut répartie sur divers points du territoire suisse. Des dépôts, plus ou moins considérables, furent établis principalement dans les cantons du centre. Deux cents ambulances environ, dont quelques-unes très-vastes, furent aménagées pour recevoir les malades dont le nombre s'éleva à plus de 20,000 pendant la durée de l'internement.

La 2e ambulance lyonnaise, placée sous la direction de M. le docteur Doyon, vint offrir ses services à Berne; agréés avec empressement par les autorités militaires fédérales, ils furent utilisés, non-seulement à Berne, mais encore à Zurich, à Baden, à Aarbourg, etc. La principale ambulance de Berne, remise aux soins du docteur Doyon, renfermait 200 lits; elle comprenait quatre divisions, chacune ayant à sa tête un médecin, secondé par quatre assistants et par des infirmiers. Chaque assistant avait à soigner 17 ou 18 malades, à consigner sur une feuille d'observations tous les détails de l'affection et du traitement, à enregistrer le nom du malade, le corps auquel il appartenait et son lieu d'origine. La salle des varioleux, dépendant de cette ambulance, reçut environ 80 malades, parmi lesquels on n'eut à regretter aucun décès.

Le canton et la ville de Neuchâtel avaient reçu avec la plus vaillante et la plus efficace sympathie cette avalanche humaine qui, par les pentes du Jura, descendait sur leur territoire. Des secours multipliés arrivèrent de France, notamment du Conseil central de Paris, des Comités de Bordeaux, Montpellier, Lyon, etc.; mais les plus importants furent offerts, avec un fraternel empressement, par les Comités suisses, parmi lesquels il faut citer ceux de Berne, Genève, Lausanne, Neuchâtel et Bâle. Les deux premiers servirent, en partie, d'intermédiaires à quelques Comités français. Je leur remis moi-même, au nom de la Société, une subvention de 10,000 fr., et je répartis directement, entre diverses personnes, une somme d'environ 5,000 fr. qui fut affectée au ravitaillement des ambulances.

En revanche, j'obtins de ces Comités un grand nombre d'envois de vêtements, de chaussures et d'objets de pansement, dans les différentes parties de la Suisse.

Je dois dire que parfois ces secours arrivaient trop tard, comme j'eus lieu de l'observer dans un village du canton de Zurich, où se trouvaient plusieurs centaines d'internés. Mon envoi de chaussures n'y parvint pas en temps utile; les habitants avaient déjà donné les leurs. Du reste, l'activité bienfaisante qui se manifesta à cette occasion atteignit, soit en France, soit en Suisse, des proportions vraiment surprenantes, si l'on en juge par ce passage du rapport de la Société de Berne :

« Les ressources arrivaient semblables à des fleuves toujours plus riches et intarissables, pour répondre à des besoins si grands et si divers; si bien qu'en présence de cette abondance de dons, vers la fin de l'internement, les caisses et les magasins de la Société étaient encore plus richement pourvus qu'à l'époque où commencèrent les distributions. » Ces neuf mois pleins de larmes et d'indicibles calamités avaient ému profondément tous les cœurs et excité une générale sollicitude, depuis l'homme vivant dans l'abondance jusqu'à l'artiste et à l'ouvrier; et l'on a pu dire avec vérité : « Le riche a fait ce qu'il a pu; le pauvre, plus qu'il ne pouvait. »

Qu'il me soit permis d'ajouter ici que partout, en Suisse, j'ai recueilli des témoignages de l'intérêt, de la cordiale affection qu'avaient su inspirer les soldats internés. On faisait, à peu d'exceptions près, l'éloge de leur politesse et de leur discipline. Les conseils de guerre institués pour cette armée de 85,000 hommes, n'eurent à juger que 12 cas de quelque gravité.

De ce fait et de ces témoignages à peu près unanimes il ressort que, tant en France même qu'à l'étranger, on a porté des jugements trop sévères sur la conduite du soldat français. On n'a pas assez tenu compte du trouble moral que ne pouvaient manquer d'exercer, sur une armée aussi sensible au point d'honneur, des défaites sans cesse répétées, une lutte continuelle contre les privations, la faim, la maladie et les éléments déchaînés. Cette influence désastreuse a particulièrement agi sur la malheureuse armée du général Bourbaki. On ne saurait se faire une idée, à moins d'en avoir été témoin, de l'intensité de cette fatale et irrésistible contagion. Sur ce point, l'impartialité même touche à l'injustice.

XII

ENVOIS D'ARGENT AUX PRISONNIERS

J'ai reçu, des départements composant ma délégation et de quelques autres points de la France, notamment du Val-Richer, des dons en argent très-suivis, destinés aux soldats prisonniers en Allemagne.

Dès le début de la guerre, la Suisse avait offert de faciliter les envois de fonds en acceptant les mandats de poste français. Ces mandats étaient adressés au Comité de Bâle qui se chargeait d'en faire parvenir le montant aux prisonniers, dans quelque partie de l'Allemagne qu'ils fussent internés.

Ce travail d'échange et de transmission, qui pendant plusieurs mois acquit un développement considérable, s'est accompli avec une étonnante régularité, non-seulement pour les envois, mais encore pour les retours d'espèces que motivaient l'absence ou la disparition du destinataire.

XIII

LA CONVENTION DE GENÈVE

Les rapports divers et nombreux qui ont été et qui seront encore présentés au Conseil central, n'atteindraient qu'imparfaitement leur but, si l'on n'en faisait ressortir des considérations générales, au point de vue tant de l'organisation de nos moyens d'activité, que de l'application de la Convention de Genève.

Parmi nos moyens d'action, les ambulances, ainsi que chacun a pu s'en rendre compte, occupent le premier rang. Si, au début de la guerre, la Convention de Genève était à peu près inconnue en France, dès l'instant que ses principales dispositions furent répandues par la publication qui en fut faite dans toutes les communes, les ambulances particulières se multiplièrent rapidement sur tout le territoire. La croyance, généralement admise, qu'en accomplissant une œuvre de charité on s'assurait en même temps le bénéfice d'une sauvegarde, la perspective de satisfaire ainsi au devoir et à l'intérêt, avaient fait éclore des merveilles. Dans le ressort de ma délégation, à Dijon spécialement, on tomba dans un excès qui, à plusieurs reprises, eut les plus regrettables conséquences. On s'imagina que dans une maison à plusieurs étages, l'aménagement d'un lit dans lequel on s'ingéniait à mettre un blessé quelconque, dans lequel même on n'en mettait pas du tout, devait préserver ladite maison, non-seulement de toute attaque de la part de l'ennemi, mais encore de l'obligation de loger les troupes nationales.

Il résulta de cette singulière interprétation du texte de la Convention, qu'à l'arrivée des Allemands, les principales rues de Dijon se trouvèrent pavoisées d'une surprenante exhibition de drapeaux blancs à la croix rouge. Ces signes trop multipliés ne furent pas pris au sérieux par l'ennemi ; les maisons furent brutalement occupées, et les prétendues ambulances envahies. Malheureusement, des soldats, trop pressés de se loger, ne se contentèrent point de prendre possession des locaux qui ne leur parurent pas suffisamment en règle, mais ils s'emparèrent d'ambulances plus sérieuses comptant six, huit, et même dix lits, et en expulsèrent les blessés qui s'y trouvaient déjà. J'adressai au général de Werder une protestation énergique contre la violation de celles de ces ambulances qui, placées d'une manière indiscutable sous la protection de la Convention, n'avaïent pas été plus respectées que les maisons particulières improprement qualifiées d'ambulances.

Outre les abus que je viens de signaler, les petites ambulances, sans lien entre elles et souvent fort éloignées les unes des autres, présentent toutes sortes d'inconvénients, tant sous le rapport des soins à donner aux blessés, que sous celui de la discipline. Sans doute il ne faut pas décourager la charité, mais il est permis d'en régler les manifestations de manière à la rendre plus efficace. Une ambulance ne devrait pas être acceptée si elle ne contient pas au moins une dizaine de lits, et si elle n'est pas organisée suivant une méthode et des prescriptions déterminées.

Pour quiconque a observé l'esprit d'abnégation et de sacrifice suscité par les longues et cruelles épreuves de la guerre de 1870, il n'est pas douteux que l'on obtiendrait des populations le concours nécessaire pour établir de semblables ambulances et éviter, d'une part, cette dispersion des malades, qui leur est si fatale, et de l'autre, les inconvénients inséparables de leur entassement dans des locaux insuffisants.

Une autre question générale qui importe essentiellement à la bonne organisation des ambulances, c'est celle du recrutement des infirmiers. On sait à combien d'abus ce recrutement donna lieu au début de la campagne. Il n'est que trop vrai que le désir de remplir les fonctions d'infirmier a été, dans bien des cas, fortement stimulé par le désir d'échapper aux dangers des champs de bataille. Toutefois, il faut reconnaître que si l'intention ne fut pas toujours irréprochable, nos jeunes infirmiers, par suite des mouvements continuels des corps d'armée, furent souvent exposés aux rigueurs de la saison, à des privations de toute nature, et que plus d'une fois, en donnant des soins aux malades atteints de la petite vérole ou de la fièvre typhoïde, en respirant cet air empoisonné, ils eurent à braver dans les ambulances presque autant de dangers que pouvaient leur en faire courir les projectiles de l'ennemi. Leur jeunesse même fut la meilleure des conditions. Elle leur permit de résister à tant d'éléments conjurés et de se rendre véritablement et constamment utiles.

Le décret du 31 décembre, qui fixait à 40 ans le minimum d'âge pour les infirmiers, bien qu'il n'ait été observé qu'en partie, jeta un grand trouble au milieu des ambulances, et en supprima plusieurs qui étaient en voie de formation. On put, d'ailleurs, juger à l'œuvre beaucoup de jeunes gens de 20 à 25 ans qui faisaient d'excellents infirmiers et qui, peut-être, auraient fait de médiocres soldats.

Il y aurait donc lieu d'adopter pour l'avenir une autre limite d'âge, si tant est qu'une limite soit nécessaire.

Il serait bien fâcheux, en tout cas, que des conditions quelconques vinssent entraver à l'avenir l'établissement d'ambulances sédentaires importantes et nombreuses, qui soient mises à même de recevoir les arrivages successifs et souvent précipités de malades, et dont la disposition permette, en même temps que l'installation des blessés régulièrement hospitalisés, le pansement rapide des blessés de passage.

AMBULANCES VOLANTES

Au sujet des ambulances volantes, il y a, dans les rapports des docteurs qui les ont dirigées, des observations dignes d'une attention spéciale. On a beaucoup discuté sur l'importance à donner au personnel de ces corps sanitaires et sur la proportion à établir entre les médecins et les infirmiers. L'expérience paraît démontrer que trente à trente-cinq personnes suffisent pour assurer le fonctionnement régulier d'une ambulance, et les services sanitaires et médicaux qu'on doit en attendre. Les ambulances plus nombreuses, outre qu'elles sont plus difficiles à composer, sont moins mobiles; elles rencontrent à chaque instant, surtout dans les petites localités, de grands obstacles pour se loger et pour se nourrir. Elle doit avoir le plus possible de médecins et d'aides, par conséquent peu d'infirmiers; il est désirable qu'elle puisse se diviser en deux sections, pour se porter, si la nécessité l'exige, sur plusieurs points à la fois. J'ai déjà dit quelques mots de ces conditions.

Le docteur Riembault insiste sur un autre point. Il signale les inconvénients qui résultent de l'encombrement des malades : « C'est là, répète-t-il dans son rapport, le fléau des armées, bien autrement terrible que le feu de l'ennemi. Comment l'éviter en campagne ? Cette question doit être mise à l'étude ; celui qui la résoudra aura bien mérité de l'humanité. »

Un autre sujet sur lequel je crois devoir appeler l'attention, c'est la nécessité d'un répertoire général des malades et des blessés. On n'ignore pas la confusion dans laquelle se sont, pour ainsi dire, perdus les services administratifs des intendances et même des mairies. Pour démontrer qu'un pareil répertoire est indispensable, je citerai, entre autres exemples, ce que j'ai vu à Besançon, qui se trouve confirmé par le passage suivant d'une lettre de M. Oudet, secrétaire du comité de cette ville :

« Après le mouvement de l'armée de Cambriels dans les Vosges, en septembre 1870, après son retour précipité sous les murs de Besançon, les batailles de Cussey et de Châtillon, et le départ de ce corps d'armée pour l'Orléanais, un grand nombre de familles nous écrivaient, à l'effet d'obtenir des renseignements sur ceux dont elles n'avaient pas reçu de nouvelles et dont le sort les inquiétait. Toutes les fois que les demandes de renseignements portaient sur un de nos blessés ou malades, la réponse était prompte et sûre, grâce à notre répertoire. Pour tous les autres, les recherches étaient longues, souvent impossibles ; voici pourquoi : Chez nous, les soldats de l'armée régulière sont, ou doivent être porteurs d'un livret qui contient leur état civil et sert à constater leur identité. Ils ont, de plus, sur leurs vêtements et leur équipement, un numéro matricule qui remplit à peu près le même but. Mais il n'en était pas ainsi de nos mobiles et de nos mobilisés; un très-petit nombre étaient munis d'un livret, aucun n'avait de numéro matricule. La plupart de ceux morts sur le champ de bataille, dans un mouvement de retraite surtout, sont restés inconnus!

« Dans les ambulances volantes, on ne tenait généralement pas de registres; il en était de même dans beaucoup d'ambulances fixes. Les hommes n'étaient pas inscrits à leur entrée et y décédaient souvent inconnus. C'est ce qui s'est produit aux baraques Saint-Paul à Besançon, où il a passé huit ou dix mille malades ou blessés; ils entraient là par bandes, sans que personne leur demandât ni qui ils étaient, ni ce qu'ils avaient, ni d'où ils venaient;

ils cherchaient une place sur les lits de camp, s'y couchaient et quelquefois, trop souvent, expiraient sans que personne — employé d'intendance, infirmier ou médecin — fût venu s'occuper d'eux. Un registre était seulement tenu pour la sortie.

« L'encombrement des blessés et des malades était tel, dans un grand nombre de villes, que les registres de l'état civil n'y sont peut être pas encore ouverts pour la constatation des décés, qui ne sont inscrits que sur des notes informes accumulées dans des casiers. »

Je citerai, de mon côté, Belfort, Salins, Villersexel et beaucoup d'autres localités. Tout cela s'explique, jusqu'à un certain point, par la situation créée par la guerre; mais il ne m'en paraît pas moins utile de signaler ces lacunes, dans l'espoir que des mesures seront prises pour qu'elles soient comblées à l'avenir.

Il me reste à présenter quelques réflexions au sujet des infractions à la convention de Genève. Elles ont été nombreuses dans les deux armées, mais il est juste d'ajouter que, du côté de l'armée française, elles doivent être mises en grande partie sur le compte de l'ignorance à peu près complète des dispositions de la convention, tandis que l'armée prussienne en avait une entière connaissance et l'avait déjà pratiquée pendant la guerre de 1866.

En premier lieu, nous signalerons le port illégal du brassard. On a vu, dans l'armée prussienne, les brancardiers porter à la fois le brassard et le fusil. Je l'ai constaté à Lons-le-Saulnier, et ailleurs encore. Les brancardiers, disent les Prussiens, sont des soldats qui, sur les champs de bataille, ont une mission spéciale, mais sans perdre pour cela leur caractère militaire. Malheureusement, on assure qu'en plusieurs occasions ils se sont servis de leurs armes. Ce qui est inadmissible, en tout cas, c'est de les voir monter la garde, revêtus des insignes de la Convention, dans les postes qu'ils ont établis.

En France, dans certaines localités, on se rendait si peu compte des conditions dans lesquelles le brassard pouvait être porté, qu'on s'en procurait par voie de réquisition, comme cela s'est vu à Dôle, par exemple, pour les sergents de ville, les pourvoyeurs de vivres et les lavandières de l'armée. A Arbois, les sergents de ville croyaient porter les insignes de la convention parce qu'ils étaient revêtus du brassard fédéral suisse. Ces abus multipliés doivent être attribués au peu de garantie dont était entourée la délivrance du brassard. Plusieurs comités s'étaient crus en droit d'en autoriser le port, et le faisaient sans un contrôle assez sévère. De son côté, l'intendance en délivrait sans le concours des comités, en sorte que le nombre croissant de ces insignes avait fini par en diminuer singulièrement la valeur.

J'ai cherché autant que possible à régulariser cet état de choses dans ma délégation, en m'entendant avec les comités sectionnaires et les délégués principaux; mais les meilleures intentions sont souvent impuissantes et ne sauraient tenir lieu d'une règle reconnue et bien établie.

Il faudra nécessairement que sur ce point, comme sur beaucoup d'autres, il s'établisse une entente préalable sur des bases qui en garantissent la stricte exécution; peut-être même sera-t-on amené à frapper d'une pénalité l'usage illégal du brassard.

Du reste, le port des insignes de la convention, même le plus régulier, n'a pas toujours été une protection suffisante contre les violents agissements des Allemands. C'est ainsi qu'à Lons-le-Saulnier, la ville n'ayant pas intégralement effectué le payement de la contribution qui lui était imposée, douze des notables de la ville furent pris et enfermés comme otages dans la caserne. Parmi eux se trouvait le docteur Passaquay, chirurgien en chef de l'hôpital, et membre de notre Société[1]. La plaque scellée à sa porte, et qui relatait ses titres et insignes, n'avait pas mieux protégé son domicile que le brassard sa personne. Il ne fallut rien moins que de nombreuses et pressantes démarches pour obtenir l'élargissement de ce digne docteur.

En ce qui concerne les violations de la convention, j'arrive à l'événement le plus déplorable qui se soit produit dans ma délégation. Je veux parler de ce que l'on a appelé le drame d'Hauteville, drame qui a profondément et douloureusement ému l'opinion publique et qui aurait pu amener les plus redoutables représailles s'il ne se fût produit au terme de la guerre.

J'ai fait à ce sujet les recherches les plus minutieuses, je me suis entouré de rapports circonstanciés et provenant de sources diverses : rapports de l'autorité militaire de Dijon, rapports de M. Favre, notre

1. Voir le rapport de M. Amédée David.

délégué principal dans cette ville, de M. Leÿ, délégué principal à Mâcon, du docteur Christôt, chef de la troisième ambulance lyonnaise, rapport enfin de l'autorité militaire prussienne. Inutile de dire que les conclusions de ces comptes rendus diffèrent notablement entre elles. Après avoir reçu les premières informations relatives à ce sinistre événement, et sous le coup d'une émotion facile à comprendre, j'adressai, le 14 février 1871, la lettre suivante à M. de Sydow, président de la Société de secours à Berlin :

« Monsieur le Président,

Je ne doute pas que le bruit de l'attentat commis le 21 janvier dernier, à Hauteville, près Dijon, sur une ambulance militaire française par des soldats allemands, ne soit parvenu jusqu'à vous. Je suis assuré que, pénétré comme nous le sommes nous-mêmes du respect auquel a droit la convention de Genève, vous avez déjà réclamé une sérieuse enquête sur ce funeste événement, et que vous recevrez avec intérêt tout ce qui est de nature à jeter de la lumière sur un fait qui paraît avoir été une aussi grave violation de cette convention.

Je prends donc la liberté de vous transmettre sur ce sujet un bref rapport dressé par des médecins distingués de notre Société.

Dans la nuit du 21 janvier, après une lutte acharnée, le village d'Hauteville fut pris par les troupes allemandes. Le docteur Morin, médecin en chef de l'ambulance, et ses aides, étaient occupés à panser des blessés dans une maison du village. La fusillade avait à peine cessé que des soldats allemands pénétrèrent dans la maison. Le docteur Morin s'avança au-devant d'eux en leur montrant ses insignes protecteurs. Égide inutile, il tombe frappé d'une balle. Son aide, Milliat, subit le même sort. Neuf aides ou sous-aides ont été ainsi égorgés ou blessés au mépris de la loi, de l'humanité, et des généreux principes de notre Société.

Y a-t-il eu erreur de la part des Allemands, et quelle a pu être la cause de cette erreur? Dans cet ordre d'idées, voici les questions qui s'imposent à notre attention :

1° Les membres de l'ambulance étaient-ils régulièrement revêtus du brassard au moment où l'invasion eut lieu?

2° Les membres de l'ambulance étaient-ils armés?

3° Des coups de feu avaient-ils été tirés de la maison pendant l'action?

Or, des réponses et des assurances de tous les témoins de cette horrible scène, il résulte que le personnel de l'ambulance était parfaitement en règle, qu'il ne s'était rien produit de nature à exciter la défiance chez les assaillants.

Vous reconnaîtrez, Monsieur le Président, qu'il était impossible à la Société française de laisser passer inaperçu un événement d'une aussi haute et émouvante gravité, et de ne pas protester de toute sa force contre un si odieux attentat. Vous reconnaîtrez aussi, je n'en doute pas, que ce fait doit donner lieu à une éclatante réparation, en même temps qu'à une sévère punition des coupables. Les faits parlent assez haut. Je n'ai pas besoin d'insister pour vous voir accueillir ma communication avec l'attention due à tout ce qui intéresse le maintien et l'observation de la Convention de Genève.

Veuillez faire part à qui de droit de cette communication.

Agréez, etc. »

Voici la réponse de M. de Sydow :

Berlin, 31 mars 1871.

« Monsieur le délégué,

Immédiatement après la réception de votre lettre du 14 février dernier, nous nous sommes empressé d'en faire part au ministre de la guerre, en le priant de vouloir bien nous informer si, effectivement, dans la nuit du 21 janvier dernier, la convention de Genève a été violée à Hauteville par les troupes allemandes.

Le ministère de la guerre vient de nous communiquer le rapport ci-joint, en date du 18 courant, que le général de Fransecky a fait à ce sujet.

Il en résulte évidemment qu'aucune violation de la convention de Genève n'a eu lieu de la part des troupes allemandes, et qu'au contraire un feu très-vif a été entretenu de la part des troupes françaises qui se trouvaient dans une maison à laquelle un drapeau à croix rouge avait été attaché, maison où rien n'a été découvert qui aurait pu lui donner le caractère d'une ambulance.

Tout en nous réjouissant de ce résultat justifiant complétement la conduite des troupes allemandes, nous ne pouvons que très-vivement regretter la mort des médecins français qui ont dû succomber dans la lutte à laquelle cette maison a donné lieu.

Agréez, etc.

Signé : R. DE SYDOW. »

On voit que sur ce triste incident, comme sur tant d'autres qu'on a eu à déplorer pendant la guerre, les conclusions des deux parties sont diamétralement opposées.

Toutefois, de l'examen attentif des différents rapports, dont je place le texte à la fin de ce compte rendu, il résulte pour tout esprit impartial que le drame d'Hauteville doit être en grande partie attribué à un malentendu. Un fait qui milite puissamment en faveur de cette opinion, c'est qu'une autre ambulance française, établie à environ cinq cents mètres de celle du docteur Morin, a été respectée par les Allemands.

Il faut remarquer d'abord que l'ambulance d'Hauteville n'était signalée par aucun indice extérieur visible, puisque, faute d'une lanterne placée à côté du drapeau, celui-ci devenait absolument inutile. En second lieu, cette ambulance ne présentait, à l'intérieur, aucune des dispositions qui caractérisent un établissement de cette nature. Il n'y avait qu'un lit, dans lequel se trouvait une jeune fille atteinte par une des balles qui avaient pénétré dans la maison; un blessé français était assis au coin d'une cheminée.

La situation de la maison même n'était point celle que l'on choisit dans ces circonstances pour y établir un dépôt de blessés. Placée en avant du village, elle devait être la première exposée aux projectiles.

Quoi qu'il en soit, il n'en est pas moins positif que le personnel de l'ambulance était revêtu de ses insignes, et que cette ambulance se trouvait dans une maison dont aucun habitant n'avait pris part au combat; elle devait donc être épargnée. Loin de trouver la protection à laquelle elle avait droit, elle a été victime du plus lugubre attentat.

C'est parce que la convention de Genève n'a pu prévenir de déplorables violences que je me suis attaché à déterminer autant que possible les circonstances dans lesquelles s'est produit ce sinistre épisode, afin que dans les délibérations auxquelles donnera lieu la future révision de la convention, les articles en soient rédigés de manière à empêcher toute équivoque et à rendre sa protection plus efficace.

Il est certaines personnes qui, trop pressées de tirer des conclusions de l'insuffisance ou de l'inobservation partielle du traité de Genève, prétendent que ce traité à fait son temps. A l'appui de cette opinion les critiques abondent. Elles émanent généralement de gens qui n'ont pu obtenir les situations ou les distinctions qu'ils recherchaient, et tels qui se sont prudemment tenus cois pendant la guerre, critiquent et parlent maintenant plus haut que tous les autres, espérant sans doute faire oublier par beaucoup de mouvement et de bruit leur inaction passée.

Ils font songer à certains départements du Midi, dont les contingents ont refusé de marcher, et qui, depuis la paix, n'ont à la bouche que les mots de revanche et de guerre à outrance.

Est-ce à dire que toutes les critiques soient sans fondement? assurément non. Des fautes, des erreurs nombreuses ont été commises; mais pouvait-il en être autrement d'une organisation aussi vaste, improvisée, en quelque sorte, sous le coup d'événements foudroyants, avec des éléments à la fois aussi multiples et aussi incomplets ?

Il y aura sans doute à tenir compte de l'expérience dans la future révision de la convention. Il y aura à déterminer les améliorations pratiques qui peuvent être apportées dans le mode de formation et de fonctionnement des ambulances; à examiner la convenance qu'il y aurait à les militariser dans une certaine mesure, et bien d'autres points encore; mais il serait souverainement injuste de ne pas reconnaître que la Société a fait les plus grands efforts pour se placer et se maintenir, au milieu de mille obstacles, à la hauteur de sa mission d'humanité. Au début de la guerre, un ministre mal inspiré avait déclaré à la tribune que notre institution était inutile et que l'intendance était en mesure de suffire à tout; nous pouvons répondre aujourd'hui à cette allégation par une simple question: L'intendance a fait ce qu'elle a pu, on a constaté son impuissance; sans notre Société, que seraient devenus les 120,000 malades et blessés que nous avons recueillis ?

Malgré les obstacles qu'elle a rencontrés en elle-même et hors d'elle-même, elle doit grandir et se fortifier, car elle s'appuie sur un principe qui a la rare fortune de rallier toutes les opinions. Fécondant l'aridité du désert créé par les passions et les rivalités, un souffle divin pousse tous les peuples à se réunir sur le terrain vivifiant de la charité.

Ne se dégage-t-il pas, en effet, une éclatante démonstration de ce foyer de chaleur et de sympathie humaine, de ce spectacle d'ambulances se déployant autour des champs de bataille comme les ailes visibles de la Providence, de ces mains qui se tendent partout où paraît la souffrance, pour recueillir le malade, panser le blessé, et retenir souvent le bras déjà levé de la mort ?

Notre Société n'existe pas seulement en vertu d'une loi de compensation entre l'art de guérir et celui de tuer, si prodigieusement développé de nos jours. Après s'être longtemps appliquée à prouver qu'il faut respecter le soldat tombé, si elle doit jamais cesser d'exister, ce sera surtout parce que l'extension du grand principe qu'elle représente aura eu pour conséquence le respect de l'homme debout.

COMPTE RENDU FINANCIER

XIV

COMPTE RENDU FINANCIER

Le compte ci-joint renferme l'énoncé sommaire de toutes mes recettes et dépenses. Il a été remis entre les mains du Président de la société, avec pièces à l'appui. Les seules observations dont je crois devoir l'accompagner sont les suivantes :

Les Trésoriers généraux ayant été autorisés à remettre aux délégués régionaux le montant des souscriptions déposées dans leurs caisses depuis le 8 septembre 1870, je réclamai ces sommes aux Trésoreries de la Loire, de Saône-et-Loire, de l'Ain, du Jura et de la Haute-Saône. Elles me furent versées dans des proportions qui me parurent normales. Il n'en a pas été de même en ce qui concerne la Trésorerie générale de la Côte-d'Or, dont j'ai cru devoir refuser le règlement jusqu'à plus ample informé.

La Trésorerie générale du Rhône avait reçu la somme de 44,601 fr. 07 c., mais le comité de Lyon ayant obtenu du ministre des finances de se faire reconnaître directement à la Trésorerie générale d'une somme de 40,000 fr., celle de 4,601 fr. 07 c. me fut seule remise.

La Trésorerie générale du Doubs avait encaissé, depuis le 8 septembre 1870, 14,425 fr. 15 c. Ce département ayant à supporter de très-lourdes charges, j'ai cru devoir laisser à la disposition du comité de Besançon les fonds déposés chez le Trésorier général de cette ville.

Toutes les allocations remises par moi à divers comités ont été employées selon mes indications et sous la responsabilité de ces comités, qui tous, du reste, ont produit des comptes parfaitement réguliers.

Mes comptes courants avec les honorables maisons P. Galline et Cie de Lyon, et H. Kunkler de Genève, résument mes mouvements de fonds. Ces maisons m'ont rendu de nombreux et utiles services ; je me fais un devoir de remercier leurs chefs de leur constante et active obligeance.

COMPTES

DES RECETTES ET DES DÉPENSES

DÉLÉGATION

RECETTES

Date		Libellé	Montant
1870.			
Septembre	14.	Reçu du Comité central, à Paris.	100,000 »
1871.			
Février	1.	— du Trésorier général de l'Ain.	7,088 15
—	13.	— — de la Loire.	6,649 10
—	20.	— — du Rhône.	4,601 07
—	23.	— — de Saône-et-Loire. . . .	8,731 90
Mars	11.	— — de la Haute-Saône . . .	1,406 95
Avril	5.	— — du Jura.	13,432 55
—	11.	— du Comité international de Genève, pour Sainte-Suzanne et Vesoul	2,000 »
Mai	10.	Remboursement du docteur Doyon..	2,000 »
—	16.	Intérêts chez MM. Kunkler, banquiers.	7 05
—	20.	Remboursement de MM. de Mandrot.	1,258 40
—	21.	Reçu du Comité international de Genève.	5,000 »
Juin		Produit de la vente d'un fourgon, versé par M. le docteur Leÿ à MM. P. Galline et Cie.	446 »
			152,621 17

DÉPENSES

1870.				
Septembre	19.	Au Comité de Lyon	25,000	»
Octobre	6.	A M. Favre, délégué principal à Dijon	800	»
—	6.	Au Comité de Mâcon	10,000	»
—		Au Comité de Dijon	10,000	»
Novembre	20.	Au Comité de Saint-Étienne	5,006	20
1871.				
Janvier	6.	Au Comité de Besançon	5,000	»
—	19.	Au Comité de Lons-le-Saulnier	3,000	»
—	28.	A MM. de Mandrot, pour les ambulances de l'Est	6,000	»
Février	16.	A l'ambulance franco-suisse, à Genève	2,000	»
—	—	Secours divers à Gex, Neuchâtel, Berne, etc.	1,253	»
—	25.	A Mme la Ctesse de Drée (Neuchâtel, Pontarlier et Belfort)	2,000	»
—	27.	Au docteur Doyon, à Berne	3,000	»
Mars	1.	A la vente au profit des victimes de la guerre, à Genève	2,000	»
—	3.	Au Comité de secours aux internés en Suisse	5,000	»
—	10.	Au Comité central suisse, à Berne	4,982	50
—	11.	Au Comité international de Genève	20,000	»
—	13.	A l'ambulance de Mme Mayol de Luppé, à Nuits	2,000	»
Avril	8.	Au Comité de Vesoul, pour compte du Comité international de Genève	1,500	»
—		Au Comité de Sainte-Suzanne, pour compte du Comité international de Genève	500	»
Mai	16.	Perte au change (M. H. Kunkler, à Genève)	229	65
—		Commission de banque (MM. Galline et Cie, et M. H. Kunkler)	109	50
—	20.	Port d'un envoi à Versailles	250	»
—	25.	A M. Liechti, à Berne, pour travail relatif aux blessés	273	»
Juin	1.	Au Comité de Mâcon	7,449	50
—	29.	A M. Maunoir, secours pour ambulanciers	200	»
Septembre	26.	J. Duproix, aumônier (solde)	100	»
Novembre	18.	Versé à la caisse centrale	200	»
—		Versé à MM. de Rothschild frères, à Paris (pour solde)	34,767	82
			152,621	17

APPENDICE

RAPPORTS SUR L'ATTENTAT D'HAUTEVILLE

RAPPORT

DE L'AUTORITÉ MILITAIRE FRANÇAISE

SUR L'ATTENTAT D'HAUTEVILLE.

Monsieur le lieutenant-colonel commandant la 3e légion des gardes nationaux mobilisés de Saône-et-Loire proteste, au nom de l'humanité et des droits les plus sacrés de la guerre, contre l'acte inqualifiable de cruauté et de barbarie qui a été commis sur les membres de son ambulance, dans la nuit du 21 au 22 janvier, par les troupes prussiennes qui l'ont attaqué dans le village avec deux de ses bataillons. A peine les postes étaient-ils placés qu'une patrouille de cavalerie ennemie est venue reconnaître le village; elle a été repoussée par les avant-postes; une demi-heure après, une reconnaissance d'infanterie a été également repoussée; enfin, à minuit moins un quart, ayant été attaqué sur trois côtés par des colonnes prussiennes, il a dû se replier et former ses troupes en arrière du village. Pendant ces différentes attaques, l'ambulance avait été établie au centre à peu près du village; les médecins et les infirmiers étaient occupés à donner des soins aux blessés, parmi lesquels se trouvait une jeune femme qui, voulant sortir par curiosité, ou pour toute autre cause, avait reçu une balle en pleine poitrine, lorsque la maison dans laquelle ils étaient, fut envahie par une troupe de ces sauvages qui, sans avoir égard ni à la mission qu'ils remplissaient, ni au brassard de l'ambulance internationale qu'ils portaient, et bien qu'ils fussent sans aucune arme, les ont lâchement assassinés.

Monsieur le médecin-major Morin a reçu deux coups de crosse de fusil sur la tête; un officier lui a tiré un coup de revolver, et les lâches l'ont fini à coups de baïonnette. M. le docteur Milliat a été également assassiné, et enfin les infirmiers d'Héré, de Champigny, Fleury, Legros et Morin, qui prêtaient leur concours au docteur, ont été assassinés à coups de crosse et de revolver, et n'ont dû leur salut qu'à l'idée qu'ils ont eue de faire les morts. Ils ont poussé la cruauté jusqu'à en sortir quelques-uns dans la cour, entre autres le nommé Fleury, pour s'amuser à leur tirer dessus. Une fois leur œuvre achevée, ils ont dépouillé le docteur Morin et ont jeté son cadavre nu devant la porte; ils se sont emparés du matériel de l'ambulance, qui consistait en quatre chevaux de bât, cantines, caisses de chirurgie, etc.

Un pareil acte de cruauté n'a pas besoin de commentaires, mais il appelle sur la tête de gens capables de les commettre l'indignation et le mépris de tous les honnêtes gens, et c'est les yeux pleins de larmes, que les officiers et les soldats de la légion ont appris ces tristes détails de la bouche même des malheureux infirmiers qui sont entrés le 22 à Dijon, dans un état déplorable.

Dijon, le 23 janvier 1871.

Le lieutenant-colonel commandant la 3e légion,

Signé : E. FORNEL.

Pour copie conforme :

Le Sous-Directeur chargé des services médicaux,

CH. ROBIN.

RAPPORT

DE L'AUTORITÉ MILITAIRE ALLEMANDE

SUR L'ATTENTAT CONTRE LE PERSONNEL MÉDICAL FRANÇAIS, COMMIS DANS LE VILLAGE D'HAUTEVILLE, PRÈS DIJON, DANS LA NUIT DU 21 AU 22 JANVIER 1871.

Après la fin de l'engagement de la 8e brigade d'infanterie — général-major von Kettler — le soir du 21 janvier 1871, devant Talant et Fontaine, près Dijon, le 1er bataillon du 4e régiment d'infanterie poméranien N° 21 (major von Erckert) reçut, à dix heures du soir, l'ordre du commandant de la brigade d'établir son quartier dans le village d'Hauteville, et de l'occuper, seulement afin de protéger l'aile gauche de la brigade, qui bivouaquait sur le champ de bataille.

Le bataillon partit, avec la 2e compagnie (capitaine von Putlitz) comme avant-garde, à dix heures du soir, par une complète obscurité, de la cour de ferme de Changey, et se dirigea sur Hauteville. Lorsque la tête de l'avant-garde se fut approchée d'environ deux cents pas des premières maisons du village, elle fut reçue par un feu animé. La 2e compagnie du bataillon engagé attaqua aussitôt et s'empara, environ à dix heures trois quarts, de la partie sud-ouest du village, située sur la hauteur. L'ennemi occupa néanmoins fortement la partie nord-est, située plus bas, et, en entretenant, de plusieurs fermes, notamment d'une maison d'angle qui faisait saillie, une fusillade très-vive, devint par là même un but vers lequel se dirigea rapidement la 2e compagnie.

Le major von Erckert donna alors l'ordre à la 4e compagnie (premier-lieutenant Schneider) de tourner le village pour l'attaquer par derrière, si possible. Ce mouvement fut exécuté et eut pour résultat l'évacuation du village par l'ennemi, jusqu'aux bâtiments ci-dessus mentionnés; l'ennemi tint cependant encore ferme et continua un feu très-vif depuis ces bâtiments, et particulièrement depuis la maison du coin déjà mentionnée. Malgré cela, des hommes de la 2e compagnie pénétrèrent dans ce bâtiment, d'où, dans l'intervalle, il fut tiré sans interruption; vers minuit, dans le rez-de-chaussée de la dite maison, la mêlée devint affreuse et environ huit hommes de l'ennemi furent tués. Lorsque la résistance eût été maîtrisée et le bâtiment pris, on découvrit, après une inspection plus minutieuse, que quelques-uns des morts et des blessés ennemis portaient le brassard blanc avec la croix rouge, et, plus tard, le drapeau génevois flottant sur le toit du bâtiment.

Dans l'intervalle apparut le major von Erckert; cet officier fit immédiatement des recherches qui donnèrent les résultats suivants :

1. Pendant ce temps, les cadavres avaient été emportés, et les habitants de l'endroit avaient pris les blessés, en sorte qu'on ne put constater d'une manière certaine si, parmi les morts, se trouvaient deux médecins français, ni le nombre d'individus revêtus du brassard de la neutralité, qui avaient été tués ou blessés par mégarde.

2. On ne put pas non plus constater si les individus qui avaient le brassard portaient des armes, ou s'ils en avaient fait usage ; par contre, on affirma qu'au rez-de-chaussée de la maison du coin souvent mentionnée, et surtout dans l'espace où les cadavres des deux médecins furent trouvés, *un combat contre des gens armés* avait eu lieu ; on trouva aussi des armes fraîchement dechargées et beaucoup de munitions.

3. La maison n'était, dans l'intérieur, en aucune manière préparée pour une ambulance; on n'y trouva pas non plus des blessés prussiens ou français; la troupe qui y entra ne découvrit par conséquent aucun indice de nature à lui indiquer que c'était une ambulance.

4. C'est précisément la troupe qui défendait la maison dont il est question, qui, par un feu vif et non interrompu, avait empêché la 2e compagnie d'avancer; c'est aussi ce qui décida le major von Erckert, comme il en a déjà été fait mention, d'ordonner le détour qui fut exécuté par la 4e compagnie.

Dôle, le 18 mars 1871.

FRANSECKŸ,

Général d'infanterie.

RAPPORT

DE M. FAVRE, DÉLÉGUÉ PRINCIPAL DE LA SOCIÉTÉ A DIJON, SUR LE DRAME D'HAUTEVILLE.

Le 21 janvier 1871, une colonne prussienne attaquait les positions autour de Dijon, défendues par l'armée du général Garibaldi. Dans la soirée, deux bataillons de la 3e légion des mobilisés de Saône-et-Loire occupaient Hauteville, village situé à 6 kilomètres au nord de Dijon, sur le versant d'un plateau. Sur les sept heures, l'ambulance de ces bataillons, restée en arrière, entra dans le village et s'établit à peu près au centre, dans une maison d'assez bonne apparence. Elle était dirigée par M. Morin, de Charolles, chirurgien-major, assisté de deux aides, MM. Milliat et Cordier, internes des hôpitaux de Lyon. Le drapeau de la convention de Genève fut arboré au sommet de la maison et à la porte d'entrée, un troisième fut déployé à l'intérieur. Le médecin-chef et ses aides, en uniforme, *portaient le brassard* ainsi que tout le personnel d'ambulance : *personne n'était armé*; ni sabres, ni revolvers ; pas un homme armé n'entra dans la maison. L'infortuné docteur Morin avait établi son ambulance dans une salle du rez-de-chaussée, dont la description semble nécessaire. C'est une immense salle, à peu près carrée, servant de cuisine, à gauche de la porte d'entrée par laquelle on pénètre de plain-pied. Le mobilier en est des plus simples : une table, au milieu, sur laquelle M. Morin avait fait étendre un matelas et qui devait lui servir de table d'opération; dans un coin, une alcôve fermant par des rideaux et contenant un lit, puis, à côté, une porte vitrée faisant communiquer dans une autre petite salle où s'est réfugié le propriétaire de la maison avec sa famille, pendant que s'accomplissait cet horrible forfait. Chacun de ces détails a son importance.

Les dispositions étaient ainsi prises, lorsque l'ennemi attaqua la position. Une vive fusillade s'engagea dans le village, et bientôt nos troupes, accablées par le nombre, durent commencer leur retraite. A ce moment, une grande indécision s'empara du docteur Morin : il ne savait s'il devait se replier avec son bataillon, ou rester à son poste, devenu dangereux parce que les balles criblaient déjà la maison et venaient d'atteindre en pleine poitrine une malheureuse jeune fille de 20 ans qui se trouvait dans une chambre du rez-de-chaussée. Il en conféra avec ses aides, Milliat et Cordier.

Cordier et D'Héré étaient d'avis d'évacuer immédiatement, disant qu'ils seraient plus utiles à la suite de leur bataillon que dans cette ambulance où ils pourraient n'avoir rien à faire. Milliat pensait qu'il valait mieux rester à l'abri des insignes de la convention de Genève que de s'exposer à être atteint dans la rue par les balles.

Cordier sortit alors pour voir s'il y avait des blessés à recueillir. Le docteur Morin procéda au pansement de la jeune fille qui venait d'être si malheureusement frappée.

Dix minutes à peine après la sortie de Cordier, il pouvait être dix heures et demie du soir, la porte de la chambre s'ouvre avec fracas, et les Prussiens, au nombre de 15 à 20, font irruption dans l'ambulance. Les uns disent que c'était le 61e Poméranien, ce qui est probable; d'autres disent le 21e; mais peu importe. Plusieurs coups de fusil retentissent à la fois et font voler les vitres en éclat. L'infirmier Alacoque se précipite au-devant d'eux, un drapeau de la convention de Genève à la main; il est terrassé d'un coup de crosse de fusil. Aux cris : Ambulance! ambulance! poussés par les infirmiers, ces forcenés répondent par des injures et renversent à coups de crosse Champvigny, J. Morin, ordonnance du docteur, et Legros. A ce moment, le docteur, qui achevait son pansement, se précipite au-devant d'eux, et en *langue allemande*, qu'il parlait très-bien, leur dit que c'est une ambulance : deux coups de crosse assénés sur la tête le terrassent. Le malheureux a encore la force de se relever à demi, de prononcer les mots de brigands et assassins, et tombe de nouveau frappé d'un coup de feu en pleine poitrine au côté gauche et de cinq coups de baïonnette au côté droit.

C'est ce qui a été vérifié à l'autopsie.

L'aide-major Milliat, terrassé en même temps qu'Alacoque, est traîné par les cheveux jusque dans la cour où il est achevé d'une balle.

D'Héré, pharmacien de l'ambulance et ami de Morin, subit le même sort. Un coup de crosse lui est asséné sur la tête avec une telle force que l'arme se brise : (les survivants ont été unanimes à affirmer le fait.) Il essaye, comme Morin, de se relever, mais il est de nouveau terrassé par un coup de feu au front et un coup de crosse vers l'oreille gauche. Pendant cette affreuse scène de carnage, le pharmacien du 2e bataillon, Fleury, s'échappait de leurs mains, mais en fuyant, il essuyait des coups de feu qui heureusement ne lui firent que des blessures sans gravité. L'infirmier Berland se réfugiait au pied du lit situé dans l'alcôve, et, grâce à cette présence d'esprit, échappait à la fureur des assaillants. Les habitants de la maison s'étaient réfugiés à demi morts de frayeur dans la chambre attenante et n'étaient séparés de cette scène affreuse que par une cloison.

Ne voyant plus sur qui assouvir leur fureur, les soldats tâtent leurs victimes et les poussent du pied pour s'assurer qu'elles sont bien mortes. Ils visitent le premier étage, redescendent, demandent du vin qu'ils emportent, en recommandant aux habitants à demi morts de laisser la chambre éclairée et en les avertissant que deux sentinelles vont être placées à la porte . . . .

. . . .

TABLE

PARIS. — J. CLAYE, IMPRIMEUR, 7, RUE SAINT BENOIT. — [1313]

www.ingramcontent.com/pod-product-compliance
Ingram Content Group UK Ltd.
Pitfield, Milton Keynes, MK11 3LW, UK
UKHW012053240726
13965UKWH00003B/1250

9 782011 927996